W0396034

SUPER FACILE

Plats du soir

en moins de 20 minutes

Dorian Nieto

SOLAR EDITIONS

ÉDITO

Vous débutez en cuisine ? Vous êtes pressé par le temps ou disposez de moyens limités ? Vous ne manquerez plus d'idées pour faire face à tous les impératifs et toutes les occasions du quotidien.

Dorian, blogueur culinaire créatif et curieux, a imaginé pour vous 90 recettes super faciles de plats du soir à préparer en moins de 20 minutes. Il vous offre dans ce livre ses secrets pour parvenir à l'équation idéale d'une cuisine familiale vraiment simple et rapide, ou comment, avec peu d'ingrédients et aussi peu d'étapes, proposer des recettes variées et originales.

Découvrez ainsi l'essentiel pour élaborer des petits plats complets et équilibrés privilégiant les produits de saison et révélant de nouvelles associations gourmandes.

Déclinez vos envies du soir avec des recettes qui redonneront du goût à votre cuisine de tous les jours.

Quand simplicité et saveur sont au rendez-vous, cuisiner devient…

… super facile !

SOMMAIRE

OMELETTE
quiche

Pour 4 personnes

Préparation : 6 min

Cuisson : 12 min

6 œufs

100 g de cubes de jambon de Paris

90 g de gruyère râpé

90 g de crème fraîche entière

1 noisette de beurre

sel et poivre

Notes : ....

....

....

1 Battez les œufs avec le jambon, le gruyère et la crème fraîche dans un saladier. Salez et poivrez à votre goût.

2 Faites fondre le beurre dans une poêle antiadhésive de 22 cm environ, puis versez-y l'omelette. Faites cuire 8 minutes à feu doux.

3 Faites glisser l'omelette sur une assiette et placez-la sous un gril brûlant pendant 3 minutes.

Vous pouvez ajouter un peu de moutarde
pour donner un coup de peps !

FISH'N' SALAD

Pour 4 personnes

Préparation : 10 min

Cuisson : 5 min

4 filets de cabillaud

1 œuf battu

2 tasses de chapelure

2 tiges de thym effeuillé

1 cuil. à soupe d'amandes effilées

1 cœur de salade feuille de chêne

1/2 pomme verte coupée en tranches fines

1cuil. à soupe de noisettes grossièrement hachées

huile

Pour la sauce :

2 cuil. à soupe de yaourt à la grecque

1 cuil. à soupe d'huile d'olive

1 cuil. à soupe de vinaigre de cidre

sel et poivre

1 Mixez ensemble la chapelure, le thym et les amandes.

2 Roulez le poisson dans l'œuf battu puis dans la chapelure, et faites-le frire 5 minutes environ dans un bain d'huile à 160 °C.

3 Fouettez ensemble le yaourt, l'huile et le vinaigre. Salez et poivrez à votre goût.

4 Répartissez la salade et les tranches de pomme dans les assiettes, arrosez de sauce au yaourt, parsemez de noisettes et déposez le poisson par-dessus.

N'hésitez pas à ajouter
d'autres herbes dans la chapelure !

TABOULÉ
de chou-fleur

Pour 4 personnes

Préparation : 5 min

Cuisson : 3 min

400 g de chou-fleur

6 radis roses hachés grossièrement

2 oignons nouveaux hachés grossièrement

2 tiges de menthe effeuillées

2 tiges de coriandre effeuillées

1 cuil. à soupe de jus de citron

Pour la sauce :

2 cuil. à soupe d'huile d'olive

1 cuil. à soupe de jus de citron

sel et poivre

Notes : ....

....

....

1 Coupez les petits bouquets de chou-fleur en morceaux, puis mixez-les jusqu'à obtenir une semoule assez grossière. Arrosez celle-ci de jus de citron et passez-la 3 minutes au micro-ondes à pleine puissance. Mélangez et laissez refroidir.

2 Préparez la sauce pendant ce temps : mélangez l'huile et le jus de citron, salez et poivrez à votre goût.

3 Mixez ensemble assez finement les radis, les oignons nouveaux, les feuilles de menthe et de coriandre.

4 Mélangez ce hachis à la semoule de chou-fleur, puis arrosez de sauce et remuez une dernière fois.

Pour changer de couleur, utilisez
du chou romanesco !

GUACAMOLE
aux crevettes

Pour 4 personnes

Préparation : 5 min

2 avocats

20 tomates cerises coupées en quatre

20 crevettes cuites décortiquées

2 oignons nouveaux, blanc et vert séparés et émincés

8 tiges de coriandre + quelques feuilles pour décorer (facultatif)

2 cuil. à soupe de citron vert

quelques gouttes de Tabasco®

1 Mixez la coriandre et le blanc des oignons nouveaux. Ajoutez la chair des avocats, le citron et le Tabasco®, et mixez encore jusqu'à obtenir une pâte lisse.

2 Dressez le guacamole dans des assiettes, avec les crevettes et les tomates cerises. Terminez en parsemant du vert des oignons et éventuellement de quelques feuilles de coriandre.

Notes : ....

N'oubliez pas les tacos
et le citron vert pour servir !

MUFFIN
au bacon avec un œuf coulant

Pour 4 personnes

Préparation : 5 min

Cuisson : 10 min

4 muffins

16 tranches de bacon

8 tranches de Leerdammer®

2 œufs

2 tomates coupées en tranches fines

1 Faites cuire les œufs 6 minutes dans une casserole d'eau bouillante, puis plongez-les dans de l'eau glacée avant de les écaler.

2 Faites griller le bacon dans une poêle antiadhésive bien chaude et les muffins dans un grille-pain.

3 Déposez les tomates sur 4 demi-muffins. Faites ensuite alterner les tranches de bacon avec les tranches de fromage. Déposez enfin 1 demi-œuf au jaune coulant et refermez le muffin.

N'hésitez pas à les passer au four avant de déposer les œufs !

Notes : ....

TARTARE
au saumon

Pour 4 personnes

Préparation : 10 min

150 g de saumon

45 g d'avocat

45 g de pomme

45 g de concombre

20 g de fenouil

4 tiges de ciboulette

3 cuil. à café d'œufs de saumon

1 cuil. à soupe de jus de citron

1 cuil. à soupe d'huile d'olive

salade pour servir (facultatif)

Notes : ....

....

....

1 Coupez le saumon et l'avocat en petits cubes. Réservez séparément.

2 Mixez la pomme, le concombre, le fenouil et 3 tiges de ciboulette.

3 Videz le contenu du mixeur dans un bol, puis ajoutez l'avocat, le citron et l'huile, et mélangez.

4 Dressez les assiettes : étalez une couche de saumon, puis une couche du mélange à l'avocat et une nouvelle couche de saumon. Finissez en ajoutant la ciboulette restante émincée et les œufs de saumon. Servez éventuellement avec quelques feuilles de salade.

Essayez avec quelques gouttes de Tabasco® !

GAUFRE
aux deux saumons

Pour 4 personnes

Préparation : 10 min

Cuisson : 6 min

250 g de pâte feuilletée

120 g de saumon fumé mixé

2 cuil. à soupe d'œufs de saumon

100 g de crème liquide

60 g de mascarpone

1 Étalez la pâte feuilletée de façon à obtenir un rectangle de 30 × 40 cm. Garnissez-la sur un côté d'une bande de saumon fumé de 3 cm, puis enroulez-la en commençant par le bord du saumon. Fermez les extrémités en repliant la pâte sur 1 cm environ de chaque côté. Roulez le tube en escargot.

2 Déposez la pâte dans un gaufrier et faites cuire 6 minutes environ.

3 Battez pendant ce temps la crème et le mascarpone en chantilly.

4 Découpez la gaufre en 4 portions. Avant de servir, déposez de la chantilly et des œufs de saumon sur chaque gaufre.

Notes : ....

....

....

Pensez à d'autres poissons fumés
pour préparer cette recette !

STEAK *tartare*

Pour 4 personnes

Préparation : 15 min

450 g de steak coupé finement au couteau

2 cives (ou 1 petit oignon nouveau) émincées (ou émincé) finement

6 cornichons coupés en petits morceaux

quelques gouttes d'huile de sésame

1 cuil. à soupe de sauce Worcestershire

1 cuil. à soupe de feuilles de basilic hachées

4 cuil. à soupe de pignons hachés

sel et poivre

Notes : ______________

____

____

1 Mélangez la viande, la sauce Worcestershire, le basilic, les trois quarts des cives, les trois quarts des cornichons et l'huile de sésame. Salez et poivrez à votre goût. Formez 4 palets et déposez-les dans des assiettes.

2 Mélangez les pignons de pin avec le reste des cives et des cornichons. Parsemez-en les steaks et dégustez bien frais.

*Si vous voulez donner un côté **plus asiatique** au tartare, remplacez le basilic par du **basilic thaï**.*

EN 25 MINUTES !

QUICHE LORRAINE
express

Pour 4 personnes

Préparation : 2 min

Cuisson : 23 min

1 pâte brisée

120 g de poitrine fumée taillée en allumettes

3 œufs

60 g de gruyère râpé

90 g de crème fraîche épaisse

1 pincée de noix de muscade

poivre

Notes :

1 Préchauffez le four à 240 °C (th. 8). Étalez la pâte dans un moule à tarte, piquez-la à la fourchette et précuisez-la 8 minutes.

2 Faites sauter pendant ce temps la poitrine fumée 2 minutes à feu vif dans une poêle antiadhésive.

3 Fouettez les œufs dans un saladier, puis ajoutez les allumettes de poitrine fumée, le gruyère, la crème et la noix de muscade. Poivrez et mélangez.

4 Versez le tout sur la pâte et enfournez pour 15 minutes. Passez éventuellement sous un gril brûlant en fin de cuisson.

Vous pouvez ajouter un peu
de moutarde à l'ancienne
dans l'appareil de la quiche.

WOK DE POULET
aux légumes

Pour 4 personnes

Préparation : 5 min

Cuisson : 11 min

- 2 blancs de poulet coupés en cubes
- 3 poivrons coupés en cubes (1 rouge, 1 vert, 1 jaune)
- 1 petite courgette coupée en morceaux
- 4 cuil. à soupe de cacahuètes hachées grossièrement
- 1 cive coupée en rondelles (ou 1 oignon nouveau)
- 1 gousse d'ail écrasée au presse-ail
- 10 cl de bouillon de volaille
- 2 cuil. à soupe de sauce yakitori (ou sauce soja sucrée)
- 1 cuil. à soupe d'huile neutre
- poivre

1 Faites colorer le poulet avec l'huile 2 minutes dans un wok à feu vif. Ajoutez tous les légumes et l'ail, poivrez et mélangez pendant 1 minute. Versez le bouillon et la sauce yakitori. Faites revenir jusqu'à ce que la sauce devienne sirupeuse, 8 minutes environ.

2 Servez dans les assiettes et parsemez de cive et de cacahuètes.

*N'hésitez pas à **varier** les **légumes** : pois gourmands, haricots verts...*

WOK DE BŒUF
aux brocolis

Pour 4 personnes

Préparation : 5 min

Cuisson : 8 min

500 g de faux-filet de bœuf coupé en cubes

3 têtes de brocolis coupées en petits bouquets puis en deux

6 gousses d'ail coupées en deux

1 cuil. à soupe d'huile neutre

1 cuil. à café de sésame doré

quelques gouttes d'huile de sésame

15 cl de bouillon de bœuf

2 cuil. à soupe de sauce yakitori (ou sauce soja sucrée)

1 Faites sauter l'ail et la viande avec l'huile dans un wok à feu vif 2 minutes. Ajoutez les brocolis et mélangez pendant 1 minute. Versez le bouillon et la sauce yakitori. Faites cuire pendant 4 minutes.

2 Disposez la viande et les légumes dans les assiettes.

3 Faites réduire éventuellement la sauce restante dans le wok à feu vif pendant 1 ou 2 minutes jusqu'à ce qu'elle devienne sirupeuse, puis versez-la sur les assiettes ainsi que l'huile et les graines de sésame.

*Pour une version **plus asiatique**, remplacez le brocoli par du **pak choï** !*

WOK
de crevettes aux noix de cajou

Pour 4 personnes

Préparation : 5 min

Cuisson : 6 min

250 g de crevettes décortiquées

50 g de noix de cajou grillées et salées, hachées grossièrement

3 oignons nouveaux émincés finement, blanc et vert séparés

1 gousse d'ail coupée en deux

1/2 piment sec

2 cuil. à soupe d'huile de tournesol

1 cuil. à café de vin blanc

1 cuil. à café de blanc d'œuf

1 cuil. à café de Maïzena®

2 cuil. à café de bouillon de légumes

1 cuil. à soupe de sauce soja

1 cuil. à café de miel

1 Mélangez le vin, le blanc d'œuf et la Maïzena®. Versez le tout sur les crevettes.

2 Versez l'huile dans un wok et faites-y sauter l'ail, le piment et le blanc des oignons pendant 2 minutes.

3 Ajoutez les crevettes et les noix de cajou, et faites cuire 2 minutes en remuant constamment.

4 Versez le bouillon, la sauce soja et le miel et laissez sur le feu encore 2 minutes.

5 Servez dans les assiettes et ajoutez le vert de l'oignon.

Si vous craignez le piquant,
oubliez le piment !

CURRY MINUTE *au poulet*

Pour 4 personnes

Préparation : 8 min

Cuisson : 12 min

240 g de riz mélangés (basmati, rouge et sauvage)

4 beaux blancs de poulet coupés en petits cubes

4 oignons nouveaux émincés

40 cl de lait de coco

20 g de beurre

1 cuil. à soupe de curry en poudre

2 feuilles de laurier

2 cuil. à soupe d'amandes effilées

quelques feuilles de coriandre

sel et poivre

1 Faites cuire le riz selon les indications figurant sur l'emballage.

2 Faites revenir pendant ce temps les oignons et les feuilles de laurier avec le beurre dans une sauteuse 3 minutes environ. Ajoutez le poulet et faites-le juste colorer de tous les côtés. Ajoutez le curry et poursuivez la cuisson pendant 1 minute en remuant. Salez et poivrez à votre goût.

3 Versez le lait de coco et poursuivez la cuisson 5 minutes à feu assez vif.

4 Répartissez le riz et le poulet dans les assiettes, puis parsemez d'amandes et de feuilles de coriandre.

Des **filets de dinde** à la place du poulet, c'est aussi bien !

WOK DE NOUILLES
sautées au porc

Pour 4 personnes

Préparation : 5 min

Cuisson : 10 min

300 g de nouilles chinoises

240 g de porc coupé en lamelles

120 g de pousses de bambou en julienne égouttées

1 oignon nouveau émincé finement

1 douzaine de tranches fines de concombre coupées en quatre

4 cuil. à soupe de sauce soja

2 cuil. à soupe de vin blanc

2 cuil. à soupe de vinaigre de riz noir

2 cuil. à café de sucre en poudre

1 cuil. à soupe d'huile neutre

4 tranches fines de gingembre

1 cuil. à café de purée de piment

2 cuil. à soupe de cacahuètes grossièrement hachées

1/2 cuil. à café d'huile de sésame

sel

1 **Faites cuire** les nouilles dans une grande quantité d'eau salée selon les indications figurant sur l'emballage.

2 **Mélangez** pendant ce temps les lamelles de porc avec la sauce soja, le vin blanc, le vinaigre de riz et le sucre.

3 **Retirez** le porc de sa marinade, égouttez-le rapidement et faites-le sauter 2 minutes dans l'huile bien chaude. Ajoutez le gingembre, la purée de piment et les pousses de bambou, et continuez la cuisson 1 minute.

4 **Versez** alors le jus de marinade du porc et remuez 30 secondes. Ajoutez les nouilles et mélangez bien.

5 **Servez** dans les assiettes et répartissez par-dessus l'oignon nouveau émincé, les tranches de concombre, les cacahuètes et quelques gouttes d'huile de sésame.

Si vous n'avez pas de vinaigre
de riz noir, remplacez-le par la moitié
de sa quantité en vinaigre de vin.

POISSON FRIT *aux légumes chinois*

Pour 4 personnes

Préparation : 12 min

Cuisson : 8 min

500 g de filet de cabillaud coupé en morceaux

200 g de carottes taillées en julienne

200 g de concombre taillé en julienne

100 g de pousses de bambou au naturel taillées en julienne

1 œuf

30 cl d'huile pour la friture

3 cuil. à soupe de fécule de pomme de terre

1 cuil. à café de purée de piment

1 gousse d'ail écrasée au presse-ail

5 à 10 g de gingembre haché finement

Pour la sauce :

1 cuil. à soupe de fécule de pomme de terre

2 cuil. à soupe de sauce soja

1 cuil. à soupe de vinaigre de riz

1 cuil. à soupe de sucre roux

1 Préparez la sauce en mélangeant dans un bol la fécule, la sauce soja, le vinaigre de riz, 10 cl d'eau et le sucre.

2 Battez l'œuf avec les 3 cuillerées à soupe de fécule dans un saladier. Plongez les morceaux de poisson dans le saladier et mélangez délicatement. Chauffez l'huile dans un wok (elle doit être très chaude : 180 °C environ) et faites-y frire les morceaux de poisson à feu vif pendant 5 minutes. Égouttez-les sur du papier absorbant.

3 Videz l'huile restante. Dans le wok, mettez la purée de piment, l'ail et le gingembre, et faites-les revenir 1 minute à feu moyen en remuant régulièrement. Ajoutez la sauce sans cesser de remuer jusqu'à ce qu'elle épaississe, 2 minutes environ. Déposez alors les morceaux de poisson frits et les légumes dans la sauce et mélangez rapidement. Servez aussitôt.

Vous pouvez parfumer le plat avec quelques gouttes d'huile de sésame.

EN 25 MINUTES !

SAUMON GRILLÉ
au risotto facile

Pour 4 personnes

Préparation : 5 min

Cuisson : 20 min

4 darnes de saumon

280 g de riz à risotto

150 g de champignons de Paris au naturel émincés

80 cl de bouillon de légumes

1 cuil. à soupe d'huile d'olive + un peu pour la cuisson

60 g de parmesan râpé

quelques feuilles d'origan

sel et poivre

1 Chauffez le bouillon au micro-ondes.

2 Chauffez l'huile dans une casserole, ajoutez le riz et mélangez pendant 1 minute. Ajoutez les champignons et le bouillon, salez et poivrez à votre goût, remuez et faites cuire le tout à couvert 18 minutes en remuant une ou deux fois.

3 Badigeonnez le saumon d'huile à l'aide d'un pinceau et faites-le cuire dans une poêle antiadhésive à feu vif 3 minutes de chaque côté.

4 Ajoutez alors le parmesan au riz, mélangez, couvrez et laissez reposer 1 minute avant de servir.

5 Déposez les darnes de saumon sur un lit de risotto et parsemez de feuilles d'origan.

*Pour rendre le risotto plus moelleux, ajoutez 20 g de **beurre** avec le parmesan !*

Notes :

DINDE
aux fruits exotiques

Pour 4 personnes

Préparation : 5 min

Cuisson : 10 min

240 g de riz blanc

4 escalopes de dinde coupées en cubes

1 banane coupée en demi-rondelles

1 petite mangue coupée en cubes

20 cl de lait de coco

20 g de beurre

1/2 cuil. à café de garam masala

2 ciboules émincées finement

1 cuil. à café de zeste de citron vert râpé finement

sel et poivre

1 Faites cuire le riz selon les indications figurant sur l'emballage.

2 Faites revenir pendant ce temps la dinde avec le beurre dans une sauteuse 3 minutes à feu vif. Ajoutez le garam masala, salez et poivrez à votre goût, puis remuez.

3 Versez le lait de coco et poursuivez la cuisson 5 minutes à feu assez vif en remuant régulièrement.

4 Répartissez le riz et la dinde dans les assiettes, puis ajoutez les fruits, les ciboules et le zeste de citron.

Le curry peut remplacer le garam masala !

EN 25 MINUTES !

QUICHE SAUMON
et estragon

Pour 4 personnes

Préparation : 2 min

Cuisson : 23 min

1 rouleau de pâte brisée

150 g de saumon cru coupé en cubes

3 œufs

60 g de gruyère râpé

90 g de crème fraîche épaisse

2 tiges d'estragon effeuillées

sel et poivre

Notes : ....

1 Préchauffez le four à 240 °C (th. 8). Étalez la pâte dans un moule à tarte, piquez-la à la fourchette et précuisez-la 8 minutes.

2 Faites sauter le saumon pendant 3 minutes dans une poêle antiadhésive à feu vif.

3 Fouettez les œufs dans un saladier, puis ajoutez le saumon, le gruyère, la crème et l'estragon ; salez et poivrez à votre goût et mélangez.

4 Versez le tout sur la pâte et enfournez pour 15 minutes. Passez éventuellement sous un gril brûlant en fin de cuisson.

Pour changer, remplacez l'estragon par de l'aneth !

ROULÉ AU POULET
à la mexicaine

Pour 4 personnes

Préparation : 8 min

Cuisson : 12 min

4 tortillas

2 blancs de poulet

1 avocat coupé en morceaux

12 mini-poivrons épépinés et coupés en deux

1/2 oignon rouge émincé finement

1 oignon nouveau émincé, blanc et vert séparés

4 tiges de coriandre grossièrement hachées

quelques gouttes de Tabasco®

1 cuil. à soupe de jus de citron

sel et poivre

1 Mixez le blanc de l'oignon nouveau avec la coriandre. Ajoutez l'avocat, le Tabasco® et le jus de citron, et mixez jusqu'à obtenir une pâte lisse.

2 Faites griller les poivrons sur un gril bien chaud 3 minutes de chaque côté et le poulet 12 minutes en le tournant régulièrement. Salez et poivrez à votre goût. Émincez finement le poulet cuit.

3 Préparez le roulé en étalant sur les tortillas : une bande du mélange à l'avocat, de l'oignon rouge émincé, des poivrons, du blanc de poulet, du vert de l'oignon nouveau. Ajoutez quelques gouttes de Tabasco® selon votre goût.

4 Terminez en roulant les tortillas.

*Pour une **version maritime** de ces roulés, remplacez le poulet par des **crevettes** !*

POULET
et champignons à la crème

Pour 4 personnes

Préparation : 4 min

Cuisson : 16 min

240 g de riz

4 blancs de poulet coupés en cubes

1 poireau émincé finement

200 g de champignons de Paris émincés

20 cl de bouillon de volaille

20 cl de crème liquide

2 oignons nouveaux, blanc et vert séparés

20 g de beurre

1 cuil. à soupe de farine

4 tiges de persil frisé

1 Faites cuire le riz en suivant les indications figurant sur l'emballage.

2 Faites revenir le poireau avec le beurre 2 minutes dans une sauteuse. Ajoutez le poulet, laissez cuire 3 minutes, puis incorporez les champignons et le bouillon de volaille. Remuez et poursuivez la cuisson 5 minutes.

3 Versez la crème et le blanc des oignons nouveaux. Mélangez et laissez cuire encore 3 minutes. Ajoutez enfin la farine et faites cuire 3 minutes de plus en remuant.

4 Servez le riz et le poulet après les avoir parsemés de persil et du vert des oignons nouveaux.

Changez votre plat en ajoutant du **paprika** avec la crème !

EN 25 MINUTES !

KEDGEREE
au cabillaud et aux crevettes

Pour 4 personnes

Préparation : 5 min

Cuisson : 20 min

4 œufs

16 crevettes cuites décortiquées

350 g de filet de cabillaud

300 g de riz

60 cl de bouillon de légumes

1 oignon haché fin

20 g de beurre

10 cl de crème liquide

2 cuil. à café de curry

4 tiges de cerfeuil

4 cuil. à soupe d'amandes effilées

sel et poivre

1 Mettez à cuire les œufs dans une casserole d'eau bouillante pour 8 minutes.

2 Faites revenir l'oignon avec 10 g de beurre dans une casserole à feu assez vif pendant 2 minutes. Ajoutez le curry et le riz, et mélangez 1 minute. Versez le bouillon, salez, portez à ébullition, puis baissez le feu, couvrez et laissez cuire jusqu'à complète absorption de l'eau, pendant 12 minutes environ.

3 Chauffez le beurre restant dans une sauteuse 3 minutes avant la fin de cuisson du riz et faites-y revenir le cabillaud pendant 3 minutes à feu assez vif.

4 Quand le riz est cuit, versez-le sur le cabillaud et remuez délicatement. Ajoutez les crevettes et la crème liquide, salez et poivrez à votre goût et poursuivez la cuisson 2 minutes à couvert à feu très doux.

5 Servez le kedgeree dans les assiettes, parsemez-le de cerfeuil et d'amandes effilées, et terminez en déposant un œuf écalé et coupé en deux dans chaque assiette.

Essayez avec deux poissons,
cabillaud et saumon !

SOLE VAPEUR *aux petits légumes*

Pour 4 personnes

Préparation : 5 min

Cuisson : 10 min

4 filets de sole

90 g de carottes coupées en tout petits cubes

90 g de petits pois

90 g de fèves écossées

90 g de courgettes coupées en tout petits cubes

1 cuil. à soupe d'huile d'olive

1 cuil. à soupe de citron vert

1/4 de cuil. à café de romarin haché très finement

Notes : ....

....

....

1 Mélangez l'huile d'olive, le citron et le romarin.

2 Roulez les filets de sole.

3 Déposez les carottes, les petits pois, les fèves, les courgettes et les filets de sole dans un panier vapeur et faites cuire 10 minutes.

4 Disposez les légumes et les soles dans des assiettes et arrosez-les de sauce à l'huile d'olive.

Pensez aux filets de sabre, encore plus faciles à rouler !

EN 25 MINUTES !

QUICHE
à la ratatouille

Pour 4 personnes

Préparation : 2 min

Cuisson : 23 min

1 rouleau de pâte brisée

180 g de légumes à ratatouille surgelés décongelés

3 œufs

60 g de gruyère râpé

90 g de crème fraîche épaisse

1 douzaine de feuilles de basilic

1/2 piment coupé en fines tranches

sel et poivre

Notes :

1 Préchauffez le four à 240 °C (th. 8). Étalez la pâte dans un moule à tarte, piquez-la à la fourchette et précuisez-la 8 minutes.

2 Faites sauter les légumes 3 minutes dans une poêle antiadhésive.

3 Fouettez les œufs dans un saladier, puis ajoutez les légumes chauds, le gruyère, la crème, le basilic et le piment. Salez et poivrez à votre goût et mélangez.

4 Versez le tout sur la pâte et enfournez pour 15 minutes. Passez éventuellement sous un gril brûlant en fin de cuisson.

EN 25 MINUTES !

RISOTTO
aux noix de saint-jacques

Pour 4 personnes

Préparation : 5 min

Cuisson : 20 min

20 noix de saint-jacques

280 g de riz à risotto

80 cl de bouillon de légumes

1/2 oignon haché finement

20 g de beurre

2 pincées de filaments de safran

60 g de parmesan râpé

4 cuil. à soupe d'amandes effilées

2 cuil. à soupe de cerfeuil haché grossièrement

sel et poivre

Notes : ....

....

....

1 **Chauffez** le bouillon au micro-ondes.

2 **Faites** revenir l'oignon 2 minutes avec le beurre dans une casserole. Ajoutez le riz et le safran, et mélangez pendant 1 minute.

3 **Versez** le bouillon, salez et poivrez à votre goût, remuez et faites cuire le tout à couvert 18 minutes en remuant une ou deux fois.

4 **Faites griller** pendant ce temps les saint-jacques 1 minute de chaque côté sur un gril brûlant.

5 **Ajoutez** alors le parmesan au risotto, mélangez, couvrez et laissez reposer 1 minute avant de servir.

6 **Déposez** les noix de saint-jacques sur un lit de risotto et parsemez d'amandes effilées et de cerfeuil.

N'oubliez pas qu'un risotto
ne se réchauffe pas !

TARTINES
comme une pizza d'été

Pour 4 personnes

Préparation : 5 min

Cuisson : 13 min

1 baguette coupée en deux, puis tranchée en deux dans le sens de la longueur

12 mini-poivrons coupés en deux

16 tomates cerises coupées en quatre

1 petit bouquet de basilic

2 boules de mozzarella coupées en tranches fines

8 cuil. à soupe de tomates concassées

huile d'olive

Notes :

1 Préchauffez le four à 180 °C (th. 6).

2 Faites griller les poivrons sur un gril brûlant 3 minutes de chaque côté. Réservez-les en les couvrant d'une feuille d'aluminium.

3 Versez un petit filet d'huile sur les 4 tartines. Étalez les tomates concassées, puis déposez les tranches de mozzarella. Enfournez-les pour 10 minutes. Passez-les éventuellement sous un gril brûlant pendant 3 minutes.

4 Répartissez par-dessus les poivrons grillés, les tomates cerises, les feuilles de basilic, et de nouveau quelques gouttes d'huile d'olive.

Si vous ne trouvez pas des mini-poivrons, coupez des poivrons en tranches !

TARTINES
façon mimosa

Pour 4 personnes

Préparation : 10 min

4 belles tranches de pain de campagne toastées

4 tiges de persil grossièrement hachées

1 tige d'estragon effeuillée grossièrement hachée

1 oignon nouveau grossièrement haché

4 cornichons grossièrement hachés

4 œufs durs coupés en morceaux

2 cuil. à soupe de mayonnaise

2 cuil. à soupe de moutarde

1 petite poignée de feuilles de mâche

sel et poivre

1 Mixez ensemble assez finement le persil, l'estragon, l'oignon et les cornichons. Ajoutez les œufs et mixez de nouveau rapidement. Ajoutez la mayonnaise et la moutarde, salez et poivrez à votre goût et mélangez une dernière fois.

2 Disposez sur les tartines les feuilles de mâche, puis le mélange aux œufs.

Si vous souhaitez relever le goût des tartines, ajoutez quelques gouttes de Tabasco® !

TARTINES
comme une pizza artichaut et noisettes

Pour 4 personnes

Préparation : 5 min

Cuisson : 13 min

1 baguette coupée en deux, puis tranchée en deux dans le sens de la longueur

8 cuil. à soupe de tomates concassées

2 boules de mozzarella coupées en tranches fines

20 cœurs d'artichauts au naturel coupés en quatre

2 cuil. à soupe de noisettes hachées

huile de noisette

1 **Préchauffez** le four à 200 °C (th. 6-7).

2 **Étalez** les tomates concassées sur les tartines, puis déposez les tranches de mozzarella. Enfournez pour 10 minutes.

3 **Répartissez** par-dessus les quarts de cœurs d'artichauts et les noisettes hachées, puis passez-les 3 minutes sous un gril brûlant.

4 **Avant de servir,** versez quelques gouttes d'huile de noisette.

Vous pouvez remplacer la baguette par du pain de campagne !

TARTINES
au roquefort, avocat et poire

Pour 4 personnes

Préparation : 5 min

Cuisson : 5 min

4 belles tranches de pain de campagne

120 g de roquefort en tranches fines

1 poire évidée et coupée en tranches très fines

2 petits avocats coupés en tranches très fines

30 g de noix de pécan concassées

2 cuil. à café de sirop d'érable

Notes : ....

1 Préchauffez le four à 180 °C (th. 6).

2 Étalez le roquefort sur les tranches de pain et enfournez les tartines pour 3 minutes. Passez-les ensuite 2 minutes sous le gril.

3 Répartissez les tranches de poire et d'avocats en les alternant. Ajoutez les noix de pécan et arrosez de sirop d'érable.

Vous pouvez remplacer le roquefort par un autre fromage bleu.

ŒUF COCOTTE
au jambon

Pour 4 personnes

Préparation : 5 min

Cuisson : 15 min

4 petits œufs

120 g de Vache qui rit® grossièrement coupée

80 g de jambon en cubes

pain grillé coupé en fines tranches

4 cuil. à soupe de crème fraîche

4 brins de ciboulette finement ciselés

sel et poivre

Notes :

1 Préchauffez le four à 220 °C (th. 7-8).

2 Mélangez la Vache qui rit®, le jambon et la crème fraîche dans un saladier. Salez et poivrez à votre goût.

3 Répartissez le mélange dans 4 ramequins. Faites un petit creux avec le dos d'une cuillère et déposez l'œuf.

4 Déposez les ramequins dans un plat rempli d'eau bouillante à mi-hauteur et enfournez pour 15 minutes environ.

5 Parsemez de ciboulette avant de servir et dégustez avec les tranches de pain grillées.

Parfumez l'œuf cocotte
avec une jolie pointe de curry !

ŒUF COCOTTE
aux deux saumons

Pour 4 personnes

Préparation : 5 min

Cuisson : 15 min

- 4 petits œufs
- 120 g de feta en cubes
- 120 g de saumon fumé en cubes
- 4 cuil. à soupe de crème fraîche
- 4 cuil. à café d'œufs de saumon
- pain grillé coupé en fines tranches
- 1 cuil. à café de zeste de citron râpé finement
- sel et poivre

Notes : ....

1 Préchauffez le four à 220 °C (th. 7-8). Mélangez la feta, le saumon et la crème fraîche, puis salez et poivrez à votre goût.

2 Répartissez le mélange dans 4 ramequins. Faites un petit creux avec le dos d'une cuillère dans le contenu de chaque ramequin et cassez-y l'œuf.

3 Déposez les ramequins dans un plat rempli d'eau bouillante à mi-hauteur et enfournez pour 15 minutes environ.

4 Avant de servir, ajoutez les œufs de saumon et le zeste de citron, et dégustez avec les tranches de pain grillées.

Terminez avec quelques pincées
de baies roses !

PAIN À PARTAGER
à l'italienne

Pour 4 personnes

Préparation : 5 min

Cuisson : 15 min

1 boule de pain de campagne

150 g de St Môret®

150 g de fromage à raclette râpé

30 g de tomates séchées

18 olives noires

15 feuilles de basilic

Notes : ....

....

....

1 Préchauffez le four à 180 °C (th. 6). Entaillez la boule de pain dans un sens tous les 2 cm environ sans couper de tranches, puis tournez la boule d'un quart de tour et recommencez dans l'autre sens.

2 Mixez les olives, les tomates séchées et le basilic. Ajoutez le St Môret® et le fromage râpé. Mélangez le tout et étalez dans le pain à l'aide d'un couteau plat.

3 Enfournez pour 15 minutes environ.

Si vous voulez un pain plus parfumé, ajoutez au mélange quelques pincées de **paprika**.

TARTINADE
de fromage frais au vert

Pour 4 personnes

Préparation : 5 min

250 g de fromage frais

4 tranches de pain de campagne toastées

30 g de fenouil émincé finement

1 oignon nouveau émincé finement

1 tige d'aneth émincée finement

20 petites feuilles de menthe

1 cuil. à soupe d'huile d'olive

sel et poivre

Notes :

1 Mélangez dans un saladier le fromage frais avec l'huile, puis salez et poivrez à votre goût. Ajoutez l'oignon, les herbes et remuez.

2 Étalez sur les tranches de pain grillé.

*Pour varier les fromages frais, pensez à la **faisselle** !*

CROQUE-MONSIEUR
campagnard

Pour 4 personnes

Préparation : 5 min

Cuisson : 13 min

8 tranches de pain de campagne

16 tranches très fines de jambon cru

8 cuil. à soupe de béchamel

8 cuil. à soupe de cantal râpé

8 cornichons coupés en rondelles

2 tiges d'estragon effeuillées

1 bol de pousses de salades mélangées

sel et poivre

Notes :

1 Préchauffez le four à 180 °C (th. 6). Mélangez la béchamel et le cantal râpé. Salez et poivrez à votre goût. Étalez la préparation sur toutes les tranches de pain.

2 Posez le jambon en le chiffonnant sur 4 des tranches de pain ; ajoutez les rondelles de cornichons et l'estragon. Déposez par-dessus les tranches de pain restantes et recouvrez le tout de béchamel au fromage.

3 Enfournez pour 8 minutes, puis passez sous le gril 5 minutes environ.

4 Servez chaque croque-monsieur avec les salades.

Vous pouvez remplacer le jambon par de la viande des Grisons.

CROQUE-MONSIEUR *à l'italienne*

Pour 4 personnes

Préparation : 5 min

Cuisson : 13 min

8 tranches de pain de mie

24 tranches de coppa

30 g de tomates séchées

4 tiges de basilic effeuillées

30 g de parmesan râpé

250 g de mozzarella

1 bol de pousses de salades

1 Préchauffez le four à 180 °C (th. 6). Coupez la mozzarella en morceaux et séchez-les bien avec du papier absorbant.

2 Mixez séparément les tomates séchées avec le basilic et le parmesan d'une part, la mozzarella d'autre part, puis mélangez rapidement le tout à la cuillère. Étalez la préparation sur toutes les tranches de pain.

3 Roulez les tranches de coppa et répartissez-les sur 4 tranches de pain. Couvrez des tranches de pain restantes en laissant le mélange au fromage sur le dessus.

4 Enfournez pour 8 minutes, puis passez sous le gril 5 minutes environ.

5 Servez les croque-monsieur accompagnés de pousses de salades.

Notes : ....

....

....

À essayer aussi avec de belles tranches de ciabatta !

SALADE *César*

Pour 4 personnes

Préparation : 10 min

Cuisson : 10 min

2 blancs de poulet

3 tranches de brioche

1 cœur de feuille de chêne rouge

1 cœur de salade sucrine

1/2 pomme coupée en fines tranches

10 g de beurre

4 cuil. à soupe de copeaux de parmesan

1 cuil. à soupe d'huile d'olive

quelques feuilles d'aneth

Pour la sauce :

2 cuil. à soupe d'huile d'olive

4 cuil. à soupe de crème liquide

1 cuil. à soupe de vinaigre de cidre

1 cuil. à soupe de Savora®

sel et poivre

Notes : ....

....

....

1 Chauffez le beurre et l'huile dans une poêle et faites-y cuire les blancs de poulet à couvert 10 minutes environ à feu moyen, en les retournant régulièrement.

2 Préparez la vinaigrette en mélangeant l'huile, la crème, le vinaigre et la Savora®. Salez et poivrez à votre goût.

3 Faites dorer les tranches de brioche au grille-pain, puis coupez-les en petits cubes. Coupez les blancs de poulet en fines tranches.

4 Disposez dans les assiettes les feuilles de salade, les tranches de poulet, les cubes de brioche et tranches de pomme. Assaisonnez et parsemez les copeaux de parmesan et les pluches d'aneth.

Vous pouvez remplacer la brioche
par des croûtons de pain.

SALADE
de quinoa aux pommes croquantes

Pour 4 personnes

Préparation : 8 min

Cuisson : 10 min

150 g de mélange de quinoa au blé

30 g de noisettes décortiquées et hachées

1/2 pomme rouge coupée en tout petits cubes

1/2 pomme verte coupée en tout petits cubes

2 cuil. à soupe de sirop d'érable

2 cuil. à soupe d'huile d'olive

le jus de 1/2 citron vert et son zeste finement râpé

1 dizaine de feuilles de menthe

sel et poivre

1 Faites cuire le quinoa selon les indications figurant sur le paquet.

2 Versez, une fois qu'il est cuit, le contenu de la casserole dans une passoire fine, passez sous l'eau froide et laissez égoutter.

3 Mettez une poêle sur un feu assez vif et versez-y le sirop d'érable. Dès qu'il commence à faire des bulles, ajoutez les noisettes, remuez-les pendant 1 minute pour bien les enrober. Ajoutez les pommes et mélangez rapidement. Versez le contenu de la poêle dans une assiette et laissez refroidir.

4 Mélangez les pommes, les noisettes et le quinoa, assaisonnez avec l'huile, le jus et le zeste de citron, salez et poivrez à votre goût et mélangez encore.

5 Servez la salade parsemée de feuilles de menthe.

N'hésitez pas à remplacer
le quinoa par du boulgour !

SALADE ACIDULÉE
au saumon et au cresson

Pour 4 personnes

Préparation : 12 min

2 pomelos

1 botte de cresson

200 g de pavé de saumon fumé coupé en cubes

1 avocat coupé en petites tranches

1/2 grenade égrenée

Pour la sauce :

2 cuil. à soupe d'huile d'olive

2 cuil. à soupe du jus des pomelos

sel et poivre

1 **Épluchez** les pomelos et prélevez les suprêmes : retirez donc toutes les peaux, y compris celles qui entourent chaque quartier. Pressez alors les cœurs pour en récupérer le jus.

2 **Fouettez** ensemble tous les ingrédients de la sauce.

3 **Déposez** les feuilles de cresson au fond des assiettes.

4 **Mélangez** ensemble délicatement dans un saladier les suprêmes de pomelos, les cubes de saumon fumé, les grains de grenade et les tranches d'avocat avec la sauce.

5 **Répartissez** ce mélange sur les lits de cresson.

*Vous pouvez **varier** les agrumes ! Pensez aux **oranges** et aux **oranges sanguines**.*

Notes : ______________

____

____

SALADE
de rattes maritime

Pour 4 personnes

Préparation : 5 min

Cuisson : 15 min

600 g de petites rattes du Touquet

1/2 l de coques

1 petit bouquet de pourpier

Pour la sauce :

4 cuil. à soupe de fromage blanc lisse

1 cuil. à soupe de vinaigre de cidre

1 petit oignon nouveau haché finement

sel et poivre

Notes : ....

....

....

1 Fouettez ensemble tous les ingrédients de la sauce dans un saladier.

2 Faites cuire les rattes dans une grande quantité d'eau salée bouillante pendant 15 minutes environ. Ajoutez les coques dans l'eau pendant les 2 dernières minutes de cuisson. Égouttez le tout.

3 Coupez les rattes en tranches, versez-les dans le saladier avec la sauce et mélangez.

4 Déposez dans les assiettes les feuilles de pourpier, versez par-dessus les rattes en sauce et ajoutez les coques.

Vous pouvez varier les coquillages !
Pensez aux palourdes.

SALADE
à la parisienne

Pour 4 personnes

Préparation : 5 min

Cuisson : 3 min

2 belles tranches de brioche coupées en cubes

2 bouquets de feuilles de pissenlit

12 œufs durs de caille coupés en deux

120 g d'emmental coupé en cubes

120 g de jambon coupé en cubes

8 cornichons coupés en rondelles

Pour la sauce :
3 cuil. à soupe de moutarde à l'ancienne

6 cuil. à soupe de crème liquide allégée

sel et poivre

1 Préchauffez le four à 200 °C (th. 6-7). Fouettez ensemble tous les ingrédients de la sauce.

2 Dorez les cubes de brioche au four pendant 3 minutes.

3 Ôtez les pieds des pissenlits et disposez les feuilles au fond de l'assiette, puis déposez par-dessus tous les autres ingrédients de la salade. Arrosez de sauce juste au moment de servir.

*Pour éviter d'allumer le four, passez la brioche au **grille-pain**.*

SALADE
de maquereaux aux rattes

Pour 4 personnes

Préparation : 5 min

Cuisson : 15 min

600 g de rattes du Touquet

4 filets de maquereaux fumés émincés en lanières

6 petits radis ronds coupés en deux

1/2 pomme verte coupée en petits morceaux

sel

Pour la sauce :

1 yaourt à la grecque

1 cuil. à café de moutarde à l'ancienne

1 cuil. à café d'huile de noisette

Notes : ....

1 **Faites cuire** les rattes 15 minutes dans une grande quantité d'eau bouillante salée.

2 **Mélangez** le yaourt, la moutarde et l'huile dans un bol.

3 **Laissez refroidir** les rattes, puis coupez-les en rondelles.

4 **Mélangez** ensemble les morceaux de pomme, de radis et de rattes. Déposez des lanières de maquereaux sur chaque salade et arrosez de sauce.

Donnez du piquant à la salade en ajoutant un peu de moutarde forte !

SALADE
niçoise

Pour 4 personnes

Préparation : 10 min

Cuisson : 5 min

60 g de haricots verts coupés en tronçons

60 g de pois gourmands coupés en tronçons

120 g de thon à l'huile

12 anchois

12 radis coupés en deux

4 œufs durs coupés en quatre

2 bols de mesclun

20 g de petites olives noires à l'huile

Pour la vinaigrette :
3 cuil. à soupe d'huile d'olive

1 cuil. à soupe de vinaigre de cidre

sel et poivre

1 Plongez les haricots verts dans une casserole d'eau bouillante salée ; au bout de 2 minutes ajoutez les pois gourmands, et laissez cuire encore 3 minutes. Plongez alors les légumes dans un saladier d'eau glacée, puis égouttez-les bien.

2 Préparez la vinaigrette : fouettez ensemble l'huile et le vinaigre, salez et poivrez à votre goût.

3 Préparez la salade en mélangeant le mesclun, les haricots, les pois gourmands, les anchois, les radis et les olives, et arrosez de vinaigrette.

4 Répartissez dans les assiettes et déposez par-dessus les morceaux d'œufs durs et le thon égoutté et émietté.

Pour une vinaigrette plus parfumée, vous pouvez utiliser l'huile du thon.

SALADE
de tomates au pain

Pour 4 personnes

Préparation : 5 min

Cuisson : 3 min

1 douzaine de tranches de baguette de 1 cm d'épaisseur environ

500 g de belles tomates mélangées coupées en deux ou quatre selon leur taille

120 g de feta émiettée

4 tiges de basilic effeuillées

2 cuil. à soupe d'olives à l'huile

huile d'olive

vinaigre balsamique

sel et poivre

Notes : ....

1 **Passez** les tranches de pain au grille-pain, puis coupez-les en deux ou en quatre.

2 **Mélangez** dans un plat le pain, les morceaux de tomates, la feta, le basilic et les olives.

3 **Arrosez** d'un filet d'huile d'olive, d'un trait de vinaigre balsamique, salez, poivrez et mélangez le tout. Dégustez aussitôt.

Vous pouvez utiliser l'huile des olives pour assaisonner la salade !

SALADE
de riz multicolore

Pour 4 personnes

Préparation : 4 min

Cuisson : 12 min

200 g de riz blanc

1/2 poivron vert coupé en cubes

1/2 poivron rouge coupé en cubes

1/2 poivron jaune coupé en cubes

100 g de haricots rouges au naturel

50 g de maïs en grains

4 tiges de coriandre hachées finement

1 tige d'origan frais effeuillé hachée finement

2 oranges coupées en suprêmes

4 cuil. à soupe d'huile d'olive

2 cuil. à soupe de jus de citron vert

sel et poivre

Notes : ....

....

....

1 Faites cuire le riz selon les indications figurant sur l'emballage. Ajoutez les poivrons 3 minutes avant la fin de la cuisson. Égouttez, passez sous l'eau froide et égouttez bien de nouveau.

2 Versez le tout dans un saladier. Ajoutez ensuite les haricots rouges, le maïs, la coriandre, l'origan, les oranges, salez et poivrez à votre goût. Mélangez bien.

3 Mélangez l'huile d'olive et le jus de citron, versez sur la salade et remuez de nouveau.

Si vous n'ajoutez pas les oranges, le riz se conservera un jour ou deux.

SALADE
au pamplemousse et à l'avocat

Pour 4 personnes

Préparation : 5 min

2 avocats coupés en demi-tranches

2 pamplemousses coupés en suprêmes

2 bols de mesclun

50 g de noix de macadamia grossièrement hachées

1 cuil. à soupe d'huile d'olive

1 cuil. à café d'huile de noix

1 cuil. à café de vinaigre de cidre

sel et poivre

Notes : ....

1 **Mélangez** les huiles et le vinaigre dans un bol, salez et poivrez à votre goût.

2 **Mélangez** les avocats, les pamplemousses et le mesclun dans un saladier.

3 **Servez** dans des assiettes, ajoutez la sauce et parsemez des noix de macadamia.

Rendez la salade encore plus « agrumes » en ajoutant des suprêmes d'orange.

CURRY DE DINDE
aux pâtes aux artichauts

Pour 4 personnes

Préparation : 5 min

Cuisson : 12 min

360 g de pâtes pappardelles complètes

400 g de blanc de dinde coupé en cubes

20 g de beurre

1 cuil. à café de curry en poudre

20 cl de lait de coco

8 cœurs d'artichauts au naturel coupés en deux

quelques feuilles de coriandre

sel et poivre

Notes : ....

....

....

1 **Faites cuire** les pâtes selon les indications figurant sur l'emballage.

2 **Faites dorer** pendant ce temps les cubes de dinde dans une poêle avec le beurre. Ajoutez le curry en poudre, mélangez, ajoutez le lait de coco, salez et poivrez à votre goût et mélangez bien. Poursuivez la cuisson 4 minutes à feu moyen et à couvert en remuant de temps en temps.

3 **Ajoutez** alors les cœurs d'artichauts et laissez cuire encore 2 minutes. Versez les pâtes, remuez une dernière fois.

4 **Servez** les pâtes après les avoir parsemées de feuilles de coriandre.

Si vous aimez les plats bien épicés,
n'hésitez pas à doubler la quantité de curry !

RATATOUILLE
au fromage de chèvre

Pour 4 personnes

Préparation : 6 min

Cuisson : 12 min

150 g d'aubergine coupée en cubes

300 g de courgettes coupées en cubes

400 g de tomates concassées

50 g de fromage de chèvre en copeaux

1 oignon rouge haché grossièrement

1 poivron rouge coupé en cubes

1 gousse d'ail écrasée au presse-ail

6 feuilles de basilic hachées grossièrement

20 cl de bouillon de légumes

1 branche de thym effeuillée

2 cuil. à soupe d'huile d'olive

1 Faites revenir l'oignon, le thym et le poivron avec l'huile à feu vif 2 minutes. Ajoutez l'aubergine, les courgettes, l'ail et le basilic. Remuez et poursuivez la cuisson 2 minutes.

2 Ajoutez le bouillon et prolongez la cuisson 5 minutes à couvert, puis ajoutez les tomates concassées et laissez cuire encore 3 minutes à découvert.

3 Servez dans des assiettes et parsemez de fromage de chèvre.

Vous pouvez remplacer le fromage de chèvre
par du parmesan.

POULET
aux poivrons

Pour 4 personnes

Préparation : 5 min

Cuisson : 13 min

4 blancs de poulet

3 poivrons (1 rouge, 1 vert, 1 jaune) coupés en cubes

6 mini-poivrons coupés en deux

1 oignon rouge coupé en cubes

3 gousses d'ail coupées en deux

4 tiges de thym effeuillées

2 feuilles de laurier

15 cl de bouillon de volaille

2 cuil. à soupe d'huile d'olive

1/2 cuil. à café de paprika

sel et poivre

1 Faites dorer le poulet avec l'huile dans une sauteuse à feu vif, 1 minute de chaque côté.

2 Retirez le poulet de la sauteuse et mettez-y les les poivrons, l'oignon, l'ail, le thym, le laurier, et faites revenir pendant 2 minutes.

3 Ajoutez le bouillon et le paprika. Remuez et déposez le poulet au milieu des légumes. Salez et poivrez et faites cuire 6 minutes à couvert en retournant la viande à mi-cuisson.

4 Découvrez et prolongez la cuisson pendant 3 minutes.

Donnez une touche basque à votre plat
en ajoutant du piment d'Espelette !

CHAMPIGNONS
comme une pizza

Pour 4 personnes

Préparation : 5 min

Cuisson : 15 min

6 très gros champignons de Paris

1 dizaine de tranches de pancetta très fines

1 boule de mozzarella

2 cuil. à soupe de concentré de tomates

2 oignons nouveaux finement émincés

2 morceaux de tomates séchées grossièrement hachées

3 cuil. à café de parmesan râpé

10 tomates cerises

1 vingtaine de feuilles d'origan fraîches

huile d'olive

poivre

1 Préchauffez le four à 210 °C (th. 7). Coupez la mozzarella en tranches, puis pressez-les entre plusieurs épaisseurs de papier absorbant ; n'hésitez pas à recommencer l'opération pour que le plat ne soit pas détrempé.

2 Retirez les pieds des champignons. Déchirez grossièrement les tranches de pancetta et de mozzarella.

3 Commencez à garnir les champignons avec le concentré de tomates, puis les oignons nouveaux, les tomates séchées, le parmesan et la mozzarella ; poivrez à votre goût. Ajoutez la pancetta, et enfin les tomates cerises et les feuilles d'origan. Arrosez d'un trait d'huile d'olive.

4 Enfournez les champignons farcis pour 15 minutes environ. À la sortie du four, faites délicatement couler l'eau rendue par les champignons si nécessaire, et servez aussitôt.

Vous pouvez aussi réaliser
cette recette en remplaçant
les champignons par
des demi-poivrons !

HAMBURGER
très tomate

Pour 4 personnes

Préparation : 6 min

Cuisson : 12 min

4 buns (pains à hamburgers)

4 steaks hachés de 120 g chacun

400 g de tomates concassées

8 tranches d'emmental

60 g de fenouil coupé grossièrement

1 cœur de scarole effeuillé

1 tomate coupée en tranches fines

1 carotte coupée grossièrement

1 échalote coupée grossièrement

1 tige d'origan effeuillée

1 cuil. à soupe d'huile

1 cuil. à café de sucre en poudre

sel et poivre

Notes : ....

....

....

1 Mixez la carotte, l'échalote, le fenouil et l'origan.

2 Faites revenir le tout avec l'huile dans une sauteuse à feu vif pendant 3 minutes en remuant régulièrement. Ajoutez les tomates concassées, le sucre, salez et poivrez à votre goût, puis laissez cuire 9 minutes en remuant de temps en temps.

3 Faites griller les steaks pendant ce temps sur un gril brûlant 2 ou 3 minutes de chaque côté. Faites toaster les buns.

4 Étalez la sauce tomate sur 4 demi-pains. Déposez les feuilles de scarole, les steaks, les tranches d'emmental et de tomate, puis refermez les burgers.

Encore plus « tomate » : arrosez la viande de ketchup !

TABOULÉ *vert*

Pour 4 personnes

Préparation : 10 min

Cuisson : 3 min

250 g de semoule

180 g de concombre

2 oignons nouveaux coupés en fines rondelles

90 g de pomme verte

90 g de fenouil émincé finement

2 cuil. à soupe de jus de citron vert

4 cuil. à soupe d'huile d'olive

1 petit bouquet de feuilles de menthe

Notes : ....

1 Faites cuire la semoule selon les indications figurant sur l'emballage.

2 Émincez la pomme et arrosez-la de jus de citron vert.

3 Mélangez dans un saladier la semoule, le concombre, le fenouil, la pomme, l'huile, les oignons nouveaux et la menthe.

*Préparez le taboulé avec du **boulgour** à la place de la semoule.*

EN 25 MINUTES !

CLAFOUTIS
aux tomates cerises

Pour 4 personnes

Préparation : 3 min

Cuisson : 22 min

2 œufs

30 tomates cerises

12 cl de crème liquide

100 g de fromage râpé

1 cuil. à soupe de farine
+ un peu pour le moule

1 cuil. à soupe d'huile d'olive
+ un peu pour le moule

1 cuil. à café de thym frais

sel et poivre

Notes : ....

1 Préchauffez le four à 210 °C (th. 7). Mixez ensemble finement tous les ingrédients sauf les tomates cerises.

2 Versez la pâte dans un moule à tarte de 18 cm huilé et fariné. Ajoutez les tomates cerises sur la pâte et enfournez pour 22 minutes.

Si vous voulez un clafoutis encore plus « tomate », ajoutez un quartier de tomate séchée avant de mixer.

CRUMBLE *aux légumes du soleil*

Pour 4 personnes

Préparation : 3 min

Cuisson : 17 min

300 g de courgettes coupées en cubes

400 g de tomates concassées

150 g de fenouil émincé finement

1 oignon haché grossièrement

1 piment doux rouge coupé en cubes

1 piment doux vert coupé en cubes

1 gousse d'ail écrasée au presse-ail

6 feuilles de basilic hachées grossièrement

10 cl de bouillon de légumes

2 cuil. à soupe d'huile d'olive

1 petite branche de romarin effeuillée

Pour le crumble :

20 g de Tuc® émiettés

60 g de farine

30 g de beurre

15 g de pignons de pin grossièrement hachés

1 cuil. à soupe de thym frais

1 Préchauffez le four à 210 °C (th. 7). Faites revenir dans une sauteuse l'oignon et les piments avec l'huile à feu vif pendant 2 minutes. Ajoutez le fenouil, les courgettes, l'ail, le romarin et le basilic. Remuez et poursuivez la cuisson 2 minutes.

2 Ajoutez le bouillon et prolongez la cuisson 5 minutes à couvert, puis ajoutez les tomates concassées et laissez cuire encore 1 minute à découvert.

3 Versez le contenu de la sauteuse dans un plat allant au four.

4 Préparez le crumble en mélangeant du bout des doigts la farine, le beurre, les Tuc® émiettés, les pignons et le thym, jusqu'à obtenir une texture sableuse.

5 Parsemez les légumes de ce crumble et enfournez pour 5 minutes, puis passez 2 minutes sous un gril brûlant.

Pour une recette plus rapide, remplacez le crumble par des Tuc®, du thym et des pignons, sans passer par le four.

PIZZA *orientale*

Pour 4 personnes

Préparation : 2 min

Cuisson : 18 min

250 g de pâte à pain ou de pâte à pizza

2 merguez coupées en petits morceaux

2 piments doux rouges coupés en deux

1 piment doux vert épépiné et coupé en rondelles

2 œufs

1 boule de mozzarella

2 cuil. à soupe de concentré de tomates

2 cuil. à soupe de tomates concassées

3 cuil. à soupe de parmesan râpé

3 tiges d'origan effeuillées

1 **Préchauffez** le four à 220 °C (th. 7-8).

2 **Coupez** la mozzarella en tranches ; pressez-les entre plusieurs épaisseurs de papier absorbant. N'hésitez pas à recommencer l'opération pour que la pizza ne soit pas détrempée.

3 **Déposez la pâte** étalée sur une plaque couverte de papier cuisson. Étalez le concentré de tomates et les tomates concassées, puis le parmesan. Répartissez la mozzarella, les morceaux de merguez et de piments.

4 **Enfournez** pour 10 minutes. Ajoutez alors les œufs entiers sur la pizza et poursuivez la cuisson 6 à 8 minutes supplémentaires.

5 **Terminez** en ajoutant les feuilles d'origan.

N'hésitez pas à proposer de la harissa avec la pizza !

PIZZA COPPA
très poivrons

Pour 4 personnes

Préparation : 5 min

Cuisson : 12 min

250 g de pâte à pain ou de pâte à pizza

1 boule de mozzarella

8 tranches de coppa grossièrement déchirées

4 mini-poivrons coupés en deux et épépinés

2 1/2 poivrons de couleurs différentes épépinés et coupés en tranches fines

3 cuil. à soupe de concentré de tomates

3 cuil. à soupe de parmesan râpé

2 cuil. à soupe d'olives dénoyautées

2 tiges de basilic effeuillées

1 cuil. à café d'huile à pizza

1 Préchauffez le four à 220 °C (th. 7-8).

2 Coupez la mozzarella en tranches, puis pressez-les entre plusieurs épaisseurs de papier absorbant. N'hésitez pas à recommencer l'opération pour que la pizza ne soit pas détrempée.

3 Déposez la pâte étalée sur une plaque couverte de papier cuisson. Étalez le concentré de tomates, puis le parmesan, répartissez la mozzarella, la coppa, les poivrons et les olives. Enfournez pour 12 minutes environ.

4 Au moment de servir, parsemez la pizza de feuilles de basilic et d'huile à pizza.

Coppa, pancetta ou jambon cru : n'hésitez pas à **varier** les plaisirs !

EN 25 MINUTES !

PIZZA *verte*

Pour 4 personnes

Préparation : 5 min

Cuisson : 20 min

250 g de pâte à pain ou de pâte à pizza

90 g de fromage de chèvre émietté

45 g de haricots verts coupés en tronçons

30 g de pois gourmands coupés en tronçons

6 cœurs d'artichauts au naturel coupés en deux

2 cuil. à soupe de pesto

2 cuil. à soupe de parmesan râpé

2 tiges de basilic effeuillées

1 cuil. à café d'huile d'olive

sel

1 Faites cuire les haricots verts dans une casserole d'eau salée. Au bout de 4 minutes, ajoutez les pois gourmands et poursuivez la cuisson 4 minutes. Égouttez les 2 légumes.

2 Préchauffez le four à 220 °C (th. 7-8). Coupez les cœurs d'artichauts en deux et pressez-les entre plusieurs épaisseurs de papier absorbant. N'hésitez pas à recommencer l'opération pour que la pizza ne soit pas détrempée.

3 Déposez la pâte étalée sur une plaque couverte d'une feuille de papier cuisson. Garnissez-la de pesto, puis de parmesan ; répartissez le fromage de chèvre, les haricots, les pois gourmands et les cœurs d'artichauts.

4 Enfournez pour 12 minutes environ. Au moment de servir, parsemez la pizza de feuilles de basilic et arrosez le tout d'huile d'olive.

Commandez la pâte à pain
chez votre boulanger !

FRITTATA
à la ratatouille

Pour 4 personnes

Préparation : 3 min

Cuisson : 17 min

8 œufs

250 g de légumes à ratatouille décongelés

3 tiges de basilic effeuillées

20 g de parmesan râpé

10 g de beurre

1 cuil. à soupe d'huile d'olive

sel et poivre

Notes : ....

1 Préchauffez le four à 220 °C (th. 7-8). Faites revenir les légumes avec le basilic dans l'huile pendant 2 minutes.

2 Battez les œufs et le parmesan dans un saladier ; ajoutez le mélange de légumes, salez et poivrez à votre goût et mélangez.

3 Chauffez le beurre dans une poêle antiadhésive pouvant aller au four. Versez les œufs aux légumes et laissez cuire 3 minutes à feu moyen. Enfournez ensuite pour 12 minutes.

4 En fin de cuisson, passez éventuellement 2 minutes sous un gril brûlant.

Pour parfumer encore plus la frittata, pensez aux ***herbes de Provence*** *!*

SOUPE À L'OIGNON
et tartine au mont-d'or

Pour 4 personnes
Préparation : 5 min
Cuisson : 15 min

3 oignons émincés
1 gousse d'ail émincée
1 cuil. à soupe d'huile d'olive
10 g de beurre
90 cl de bouillon de légumes
2 feuilles de laurier
1 branche de thym
sel et poivre

Pour les tartines :
4 tranches de pain
4 tranches de mont-d'or (de 30 g chacune)

Notes : ____________________

1 Faites revenir les oignons et l'ail avec l'huile et le beurre 3 minutes dans une casserole à feu assez vif en remuant régulièrement. Versez par-dessus le bouillon chaud, le laurier et le thym, salez et poivrez à votre goût et laissez cuire à petits bouillons pendant 12 minutes.

2 Préparez les tartines pendant ce temps. Posez le fromage sur le pain et passez-les sous un gril brûlant 3 minutes.

3 Répartissez la soupe dans les bols et posez une tartine par-dessus.

Juste avant de déguster, vous pouvez arroser
la soupe d'un trait d'arôme Maggi®.

SOUPE
parmentière aux chips de Morteau

Pour 4 personnes

Préparation : 5 min

Cuisson : 15 min

500 g de pommes de terre coupées en gros cubes

1 saucisse de Morteau

1 blanc de poireau émincé très finement

60 cl de bouillon de légumes

10 cl de crème liquide

sel et poivre

Notes : ....

....

....

1 Mixez rapidement les pommes de terre et le poireau. Versez dans une casserole, ajoutez le bouillon et laissez cuire 15 minutes. Salez et poivrez à votre goût.

2 Mixez finement. Ajoutez la crème et mélangez. N'hésitez pas à ajouter du bouillon pour obtenir la consistance désirée.

3 Coupez la saucisse en tranches fines et passez-les 3 minutes sous un gril brûlant.

4 Répartissez la soupe dans des bols et ajoutez par-dessus les chips de Morteau.

Ajoutez quelques cubes de Morteau
avec les pommes de terre !

SOUPE
de poisson à l'ail

Pour 4 personnes

Préparation : 5 min

Cuisson : 10 min

1 l de soupe de poisson

300 g de filet de cabillaud coupé en cubes

4 gousses d'ail pelées et coupées en deux

2 larges tranches de pain de mie coupées en cubes

quelques feuilles de basilic

Notes : ....

1 Faites cuire le cabillaud et l'ail dans la soupe de poisson 10 minutes environ à feu moyen.

2 Passez les cubes de pain de mie sous un gril en les remuant régulièrement jusqu'à ce qu'ils soient dorés.

3 Répartissez la soupe dans des assiettes, déposez par-dessus les croûtons et les feuilles de basilic.

Vous pouvez aussi faire des croûtons avec de la brioche.

SOUPE DE POTIRON
aux tartines de chèvre

Pour 4 personnes

Préparation : 5 min

Cuisson : 13 min

450 g de potiron coupé en petits cubes

1 blanc de poireau émincé finement

1 cuil. à soupe d'huile d'olive + un peu pour l'assiette

90 cl de bouillon de légumes

1 cuil. à soupe de graines de courge

4 belles tranches de pain grillé

1 petit fromage de chèvre frais

sel et poivre

Notes : ....

....

....

1 Faites revenir le poireau et le potiron avec l'huile d'olive dans une casserole 3 minutes à feu moyen.

2 Ajoutez le bouillon de légumes et laissez cuire 10 minutes à feu assez vif. Mixez le tout finement, salez et poivrez à votre goût. N'hésitez pas à ajouter du bouillon pour obtenir la consistance désirée.

3 Étalez le fromage sur le pain grillé.

4 Répartissez la soupe dans les assiettes, déposez les tartines, parsemez le tout de graines de courge et versez quelques gouttes d'huile d'olive.

Vous pouvez remplacer
le potiron par du potimarron !

VELOUTÉ
de courgette ail et fines herbes

Pour 4 personnes

Préparation : 5 min

Cuisson : 15 min

2 courgettes coupées en cubes

10 cl de crème liquide entière

120 g de Boursin®

60 cl de bouillon de légumes

8 tranches de baguette

1 gousse d'ail écrasée

1 cuil. à soupe de ciboulette hachée

1 Portez le bouillon de légumes à ébullition et faites-y cuire les courgettes et l'ail 12 minutes à feu vif.

2 Chauffez rapidement la crème et 60 g de Boursin® au micro-ondes. Mélangez.

3 Retirez la soupe du feu, ajoutez la crème au Boursin® et la ciboulette, et mixez finement le tout. N'hésitez pas à ajouter du bouillon pour obtenir la consistance désirée.

4 Répartissez le velouté dans les assiettes. Étalez le Boursin® restant sur les tranches de baguette et passez-les sous un gril brûlant juste pour les dorer. Servez-les avec le velouté.

Notes : ....

....

....

À la place de la ciboulette, essayez l'estragon !

SOUPE DE TOMATE
à la mexicaine

Pour 4 personnes

Préparation : 5 min

Cuisson : 13 min

400 g de tomates concassées

12 tranches fines de chorizo

1 petit oignon grossièrement haché

1 cuil. à café de sucre en poudre

1/2 cuil. à café de paprika

1/2 avocat coupé en fines tranches

4 cuil. à soupe de maïs en grains

1 bol de tortillas (chips de maïs)

Notes : ....

1 Mixez le chorizo et l'oignon, puis faites-les revenir 3 minutes dans une casserole à feu moyen.

2 Ajoutez les tomates concassées, le sucre en poudre et le paprika. Mélangez et laissez cuire 10 minutes, puis mixez finement.

3 Répartissez la soupe dans des assiettes et déposez par-dessus les tranches d'avocat et les grains de maïs. Servez accompagné de tortillas.

N'hésitez pas à utiliser du paprika fumé dans cette soupe !

VELOUTÉ
de brocoli et tartines au bleu

Pour 4 personnes

Préparation : 5 min

Cuisson : 14 min

1 baguette coupée en deux, puis tranchée en deux dans le sens de la longueur

200 g de fourme d'Ambert écroûtée et écrasée à la fourchette

1 beau bouquet de brocoli détaillé en petits bouquets

1 petite pomme de terre coupée en cubes

1 blanc de poireau coupé en tronçons

60 cl de bouillon de légumes

10 g de beurre

sel et poivre

1 Prélevez un tout petit bouquet de brocoli, mixez-le très finement en semoule et réservez-le.

2 Mixez tous les légumes assez finement. Faites-les revenir 2 minutes avec le beurre dans une casserole à feu vif, puis ajoutez le bouillon de légumes. Salez et poivrez à votre goût et laissez cuire 12 minutes.

3 Préparez les 4 tartines pendant ce temps : étalez le fromage sur le pain et passez les tartines sous un gril brûlant 3 minutes.

4 Mixez finement le velouté à l'aide d'un robot plongeant et répartissez-le dans 4 bols, parsemez la semoule de brocoli et posez une tartine par-dessus.

Le roquefort peut parfaitement
remplacer la fourme d'Ambert !

SOUPE
très radis

Pour 4 personnes

Préparation : 3 min

Cuisson : 15 min

- les fanes d'une botte de radis + quelques fanes et tranches de radis pour décorer
- 1 pomme de terre coupée en petits cubes
- 1/2 oignon haché grossièrement
- 1/2 cuil. à soupe d'huile d'olive
- 60 cl de bouillon de légumes
- sel et poivre

Notes :

1 **Mixez** rapidement les fanes de radis, la pomme de terre et l'oignon, puis faites-les revenir avec l'huile pendant 3 minutes dans une casserole à feu vif, en remuant régulièrement.

2 **Ajoutez le bouillon** et laissez cuire 12 minutes, salez et poivrez à votre goût, puis mixez le tout finement.

3 **Terminez** en parsemant sur les assiettes quelques fanes et quelques tranches fines de radis.

Attention : pour être vraiment bonnes,
les fanes doivent être très fraîches !

SOUPE
de fenouil au saumon

Pour 4 personnes

Préparation : 3 min

Cuisson : 17 min

400 g de tomates concassées au naturel

150 g de saumon frais coupé en petits cubes

150 g de fenouil haché finement

1/2 oignon haché finement

60 cl de bouillon de légumes

1 tige d'aneth hachée + quelques feuilles pour servir

1 cuil. à soupe d'huile d'olive

Notes : ....

....

....

1 Chauffez le bouillon au micro-ondes.

2 Faites revenir le fenouil, l'oignon et l'aneth avec l'huile 1 minute dans une casserole à feu vif. Ajoutez le bouillon et poursuivez la cuisson 10 minutes. Ajoutez les tomates concassées et poursuivez la cuisson 2 minutes. Mixez rapidement au robot plongeant.

3 Ajoutez le saumon et poursuivez la cuisson 4 minutes.

4 Servez en parsemant de quelques feuilles d'aneth.

Encore plus fenouil ? Ajoutez
quelques graines de fenouil
sur les assiettes !

GASPACHO

Pour 4 personnes

Préparation : 5 min

750 g de tomates pelées et épépinées

90 g de concombre pelé coupé en morceaux

30 g de poivron rouge

1 oignon coupé en morceaux

1/2 gousse d'ail

2 cuil. à soupe d'huile d'olive

8 feuilles de basilic

4 glaçons

sel et poivre

1 Mixez
tous les ingrédients avec 15 cl d'eau.

2 Versez
dans des bols et décorez éventuellement avec des petits cubes de concombre, de poivron et des feuilles de basilic (dans ce cas, réservez une petite quantité de ces ingrédients avant de mixer).

*Vous pouvez épaissir le gaspacho en ajoutant une **tranche** de **pain de mie** écroûté avant de mixer.*

Notes : ....

RIZ AU DHAL
et coco

Pour 4 personnes

Préparation : 5 min

Cuisson : 12 min

180 g de lentilles corail

10 cl de lait de coco

180 g de riz

30 cl de bouillon de légumes

1 cuil. à café de curry

2 cuil. à soupe de pistaches hachées

sel

1 **Faites cuire** le riz dans une grande quantité d'eau salée le temps indiqué sur l'emballage.

2 **Pendant ce temps,** faites cuire les lentilles dans le bouillon avec le curry dans une casserole pendant 12 minutes environ. Ajoutez dans la casserole le lait de coco et mélangez.

3 **Servez** le dhal dans les assiettes, répartissez le riz par-dessus, puis parsemez de pistaches.

Notes : ....

....

....

Vous pouvez aussi ajouter
des amandes effilées aux pistaches !

PARMENTIER
de boudin aux pommes

Pour 4 personnes

Préparation : 5 min

Cuisson : 13 min

300 g de boudin noir sans la peau

500 g de purée surgelée

1/2 pomme coupée en morceaux

1 petit oignon coupé en morceaux

1 cuil. à soupe de soupe à l'oignon déshydratée

20 g de beurre

sel et poivre

1 **Préchauffez le four** à 220 °C (th. 7-8). Décongelez la purée selon les indications figurant sur l'emballage.

2 **Mixez** assez finement la pomme et l'oignon.

3 **Faites** revenir dans une sauteuse la pomme et l'oignon mixés avec 10 g de beurre pendant 2 minutes à feu moyen. Ajoutez le boudin noir, la soupe déshydratée et 10 cl d'eau, salez et poivrez à votre goût. Mélangez bien le tout et laissez cuire 3 minutes en remuant régulièrement.

4 **Étalez** le contenu de la sauteuse au fond d'un plat à gratin, couvrez de purée et répartissez le beurre restant sur le dessus. Enfournez pour 5 minutes, puis passez sous un gril brûlant pendant 3 minutes.

Notes : ....

Pour cette recette, évitez les pommes farineuses, préférez-les un peu **acides** !

SOUPE
comme un chili

Pour 4 personnes

Préparation : 5 min

Cuisson : 15 min

250 g de haricots rouges au naturel

100 g de steak haché

1/2 poivron vert coupé en petits cubes

1/2 poivron rouge coupé en petits cubes

1 oignon coupé en petits cubes

30 cl de bouillon de bœuf

1 cuil. à soupe d'huile neutre

2 tiges d'origan effeuillées (ou 1/2 cuil. à café d'origan sec)

1/2 cuil. à café de paprika

sel et poivre

1 Réservez 4 cuillerées à soupe d'oignon et poivrons mélangés. Dans une sauteuse, faites revenir les poivrons et l'oignon restants avec l'huile pendant 1 minute à feu vif.

2 Ajoutez 15 cl de bouillon et prolongez la cuisson 6 minutes. Ajoutez la viande, l'origan et le paprika, et laissez cuire 3 minutes en remuant régulièrement.

3 Ajoutez les haricots et le reste de bouillon, salez et poivrez à votre goût et laissez mijoter 5 minutes de plus. Mixez rapidement avec un robot plongeant.

4 Servez dans des bols et répartissez par-dessus le mélange frais poivrons-oignon.

Vous pouvez ajouter
quelques gouttes de Tabasco® !

SOUPE
à l'orientale

Pour 4 personnes

Préparation : 2 min

Cuisson : 18 min

- 250 g de pois chiches au naturel
- 120 g de lentilles au naturel
- 400 g de tomates concassées
- 8 tomates cerises coupées en quatre
- 1 oignon coupé en quatre
- 6 tiges de coriandre fraîche
- 90 cl de bouillon de légumes
- 1 cuil. à café de gingembre frais finement râpé
- 1 cuil. à soupe d'huile d'olive
- 1/2 cuil. à café de curcuma
- 1 cuil. à café de sucre en poudre
- sel et poivre

1 Mixez ensemble l'oignon, la coriandre et le gingembre assez finement. Faites revenir 3 minutes ce hachis avec l'huile dans une sauteuse à feu vif, ajoutez le curcuma et remuez.

2 Ajoutez les tomates concassées, le sucre, salez et poivrez à votre goût. Remuez, puis ajoutez le bouillon. Laissez mijoter 6 minutes à feu assez vif. Ajoutez les pois chiches, mélangez et poursuivez la cuisson 6 minutes. Versez enfin les lentilles, remuez et laissez cuire encore 3 minutes.

3 Répartissez dans des bols, déposez les tomates cerises et parsemez de quelques feuilles de coriandre.

Ajoutez un peu de harissa au dernier moment pour relever la soupe !

EN 25 MINUTES !

Pour 4 personnes

Préparation : 6 min

Cuisson : 18 min

400 g de haddock, sans la peau, coupé en tronçons

2 carottes coupées en rondelles

2 panais coupés en rondelles

2 navets boules d'or coupés en quatre

1 oignon coupé en quatre

1 poireau coupé en deux dans le sens de la longueur, puis en tronçons

1 bouquet garni

Pour la sauce :

25 cl de crème fraîche épaisse

2 jaunes d'œufs

25 g de beurre

25 g de farine

le jus de 1/2 citron

sel et poivre

quelques feuilles de coriandre (facultatif)

BLANQUETTE *rapide au haddock*

1 Faites cuire tous les légumes et le bouquet garni dans une grande casserole d'eau salée bouillante pendant 18 minutes à couvert. Posez le haddock par-dessus les 3 dernières minutes de cuisson.

2 Mélangez pendant ce temps dans un bol la crème et les jaunes d'œufs. Faites fondre le beurre dans une autre grande casserole à feu moyen. Quand il commence à frémir, ajoutez la farine et remuez bien. Prélevez 3 ou 4 louches de bouillon de cuisson des légumes, versez-le avec le beurre et la farine, et mélangez jusqu'à ce que la préparation soit bien lisse. Ajoutez alors le mélange crème-œufs et le citron, et fouettez le tout. Rectifiez l'assaisonnement et ajoutez éventuellement un peu plus de bouillon, selon votre goût.

3 Prélevez le haddock et les légumes de leur bouillon de cuisson et plongez-les dans la sauce.

4 Parsemez éventuellement au moment de servir quelques feuilles de coriandre.

Si vous n'aimez pas la coriandre,
remplacez-la par du persil !

RIZ AU POULET *comme à Noël*

Pour 4 personnes

Préparation : 5 min

Cuisson : 12 min

150 g de riz

240 g de marrons au naturel grossièrement hachés

1 petit oignon coupé en petits cubes

350 g de blancs de poulet coupés en cubes

20 g de noix grossièrement hachées

20 g d'amandes grossièrement hachées

60 g d'abricots secs grossièrement hachés

20 g de raisins secs

20 g de beurre

20 cl de bouillon de volaille

1/2 cuil. à café de ras el-hanout

2 bâtons de cannelle

2 cuil. à soupe de miel

sel et poivre

1 Faites cuire le riz selon les indications figurant sur l'emballage ; 2 minutes avant la fin de la cuisson, ajoutez les marrons.

2 Faites revenir pendant ce temps l'oignon avec le beurre pendant 1 minute dans une sauteuse à feu assez vif. Versez 5 cl de bouillon et laissez cuire 3 minutes jusqu'à ce que le bouillon soit absorbé. Ajoutez le poulet et faites-le revenir 3 minutes.

3 Ajoutez les fruits secs et les épices, salez et poivrez à votre goût et laissez revenir 1 minute.

4 Ajoutez le miel et le bouillon restant, mélangez, laissez revenir 5 minutes environ jusqu'à obtenir un jus sirupeux.

5 Répartissez le riz aux marrons dans les assiettes et disposez par-dessus les morceaux de poulet parfumés.

Variez les fruits secs : pensez aux dattes, aux figues et aux noix de pécan !

PIZZA *breakfast*

Pour 4 personnes

Préparation : 2 min

Cuisson : 18 min

250 g de pâte à pain ou de pâte à pizza

1 boule de mozzarella

90 g de saumon fumé coupé en lanières

90 g de feta émiettée

1 oignon nouveau émincé finement

2 œufs

poivre

1 Coupez la mozzarella en tranches ; pressez-les entre plusieurs épaisseurs de papier absorbant. N'hésitez pas à recommencer l'opération pour que la pizza ne soit pas détrempée.

2 Déposez la pâte étalée sur une plaque couverte de papier cuisson. Garnissez-la avec les tranches de mozzarella, les lanières de saumon et les deux tiers de la feta et de l'oignon.

3 Enfournez pour 10 minutes. Ajoutez alors les œufs entiers sur la pizza et poursuivez la cuisson 6 à 8 minutes supplémentaires.

4 Terminez en ajoutant la feta et l'oignon restant et en poivrant à votre goût.

Notes : ....

Pensez à la mozzarella fumée
pour donner encore plus de goût à la pizza !

MERGUEZ
et œufs à l'orientale

Pour 4 personnes

Préparation : 4 min

Cuisson : 16 min

4 merguez coupées en tronçons

4 œufs

400 g de tomates concassées

30 g de poivrons à l'huile égouttés et hachés

4 tiges de coriandre fraîche hachées

1 oignon

4 tiges d'origan frais effeuillées + quelques feuilles pour décorer

1 cuil. à soupe d'huile d'olive

1 cuil. à café de harissa

sel et poivre

Notes :

1 Faites revenir l'oignon et l'origan avec l'huile d'olive dans une sauteuse à feu vif pendant 3 minutes en mélangeant régulièrement. Ajoutez les merguez et laissez cuire 3 minutes supplémentaires, toujours en remuant régulièrement. Videz le gras.

2 Ajoutez les tomates concassées, les poivrons, la coriandre et la harissa, salez et poivrez, et laissez cuire encore 5 minutes en mélangeant régulièrement.

3 Déposez les œufs sur ce mélange et laissez cuire 5 minutes environ à couvert jusqu'à ce que les œufs soient cuits.

4 Terminez en mettant dans les assiettes et en parsemant de quelques feuilles d'origan.

Pour moins de « piquant »,
supprimez la harissa !

GRATIN *tartiflette*

Pour 4 personnes

Préparation : 4 min

Cuisson : 15 min

500 g de pommes de terre cuites sous vide coupées en tranches

1/2 reblochon sans la croûte coupé en gros cubes

100 g de poitrine fumée taillée en allumettes

15 cl de crème liquide entière

1 gousse d'ail écrasée au presse-ail

poivre

Notes : ....

1 Préchauffez le four à 210 °C (th. 7). Faites revenir la poitrine fumée dans une poêle à feu vif pendant 1 minute. Ajoutez les pommes de terre, l'ail, poivrez à votre goût et mélangez. Coupez tout de suite le feu et couvrez.

2 Mettez le reblochon dans le bol d'un robot et mixez-le rapidement. Ajoutez la crème liquide et mélangez de nouveau.

3 Alternez dans un moule de 15 cm de diamètre environ les couches de pommes de terre, de lardons et de fromage.

4 Enfournez pour 12 minutes, puis passez sous le gril 2 minutes.

Ne salez pas : la poitrine et le fromage s'en chargent.

FRITTATA
à la macédoine et au lard

Pour 4 personnes

Préparation : 2 min

Cuisson : 17 min

8 œufs

90 g de poitrine fumée taillée en allumettes

250 g de macédoine de légumes égouttée

10 g de beurre

3 ou 4 tiges de thym frais effeuillées

sel et poivre

Notes :

1 Préchauffez le four à 220 °C (th. 7-8). Faites revenir la poitrine fumée dans une poêle antiadhésive pendant 1 minute. Ajoutez les légumes et le thym et poursuivez la cuisson 1 minute.

2 Battez les œufs dans un saladier, ajoutez-leur le mélange de légumes aux lardons, salez et poivrez à votre goût et remuez.

3 Chauffez le beurre dans une petite poêle antiadhésive pouvant aller au four. Versez les œufs aux légumes et laissez cuire 3 minutes à feu moyen.

4 Enfournez pour 12 minutes. En fin de cuisson, passez éventuellement sous un gril brûlant pendant 2 minutes.

Très bon aussi avec du jambon cru taillé en allumettes à la place du lard !

EN 25 MINUTES !

PETITES TOURTES *aux pommes de terre et au jambon*

Pour 4 personnes

Préparation : 5 min

Cuisson : 20 min

2 pâtes feuilletées

250 g de pommes de terre cuites sous vide, coupées en rondelles

100 g de jambon coupé en cubes

1 œuf

60 g de comté râpé

60 g de crème fraîche

1 tige de thym effeuillée

1 jaune d'œuf

Notes : ....

1 **Préchauffez** le four à 210 °C (th. 7). Mélangez dans un saladier l'œuf, le fromage, la crème et le thym. Ajoutez les pommes de terre et le jambon, et remuez.

2 **Étalez** les pâtes feuilletées et taillez 8 disques de 15 cm de diamètre environ. Foncez 4 moules à tartelettes de 12 cm de diamètre environ avec 4 disques de pâte.

3 **Répartissez** la garniture dans les moules. Couvrez avec les 4 disques de pâtes restants. Pressez les bords pour les souder, puis repliez-les vers l'intérieur.

4 **Badigeonnez** la tourte de jaune d'œuf au pinceau, puis faites un petit trou au centre.

5 **Enfournez** pour 10 minutes à 210 °C (th. 7), puis 10 minutes à 180 °C (th. 6).

Donnez une touche italienne aux tourtes
en remplaçant le jambon par de la coppa !

HACHIS
Parmentier de chipolatas et tomates

Pour 4 personnes

Préparation : 5 min

Cuisson : 15 min

500 g de purée surgelée

4 chipolatas coupées en tronçons de 1 cm environ

1 oignon haché finement

4 tiges de persil finement hachées

20 g de beurre

250 g de tomates concassées

Notes : ....

....

....

1 Préchauffez le four à 220 °C (th. 7-8). Décongelez la purée en suivant les indications figurant sur l'emballage.

2 Faites revenir pendant ce temps dans une sauteuse l'oignon et le persil avec 10 g de beurre à feu moyen 2 minutes. Ajoutez les chipolatas et laissez cuire 3 minutes en remuant régulièrement, puis les tomates concassées et laissez cuire encore 2 minutes.

3 Étalez le contenu de la sauteuse au fond d'un plat à gratin, couvrez de purée et répartissez le reste de beurre sur le dessus.

4 Enfournez pour 5 minutes, puis passez sous un gril brûlant pendant 3 minutes.

Relevez le plat en ajoutant un peu de harissa !

PAUPIETTES
de veau aux champignons

Pour 4 personnes

Préparation : 4 min

Cuisson : 16 min

4 paupiettes de veau

250 g de champignons de Paris émincés

20 g de beurre

1 oignon haché finement

20 cl de bouillon de légumes

20 cl de vin blanc

1/2 cuil. à soupe de fond de veau déshydraté

1 cuil. à café de Maïzena®

4 cuil. à soupe de crème liquide entière

4 branches de thym effeuillées

2 tiges de persil frisé hachées

sel et poivre

1 Faites dorer les paupiettes avec le beurre dans une sauteuse à feu vif 1 minute de chaque côté. Ajoutez l'oignon et mélangez pendant 1 minute. Versez le bouillon et le vin blanc, portez à ébullition, couvrez et faites revenir 9 minutes. Ajoutez les champignons et poursuivez la cuisson 3 minutes.

2 Prélevez pendant ce temps 4 cuillerées à soupe de bouillon. Mélangez-les avec le fond de veau et la Maïzena®. Ajoutez ce mélange à la sauteuse et remuez pendant 1 minute.

3 Servez les paupiettes et le jus dans les assiettes, versez la crème liquide, salez et poivrez, et parsemez de thym et de persil.

Vous pouvez varier les champignons :
pensez aux champignons des bois !

PARMENTIER
rapide au corned-beef

Pour 4 personnes

Préparation : 5 min

Cuisson : 13 min

340 g de corned-beef (ou de bœuf cuit) coupé en gros cubes

500 g de purée surgelée

1 petit oignon émincé finement

1 branche de thym effeuillée

20 g de beurre

2 cornichons hachés

2 cuil. à café de câpres hachées

1 cuil. à soupe de soupe à l'oignon déshydratée

1 cuil. à café de moutarde

Notes : ....

....

....

1 Préchauffez le four à 220 °C (th. 7-8). Décongelez la purée selon les indications figurant sur l'emballage.

2 Faites revenir dans une sauteuse l'oignon et le thym avec 10 g de beurre pendant 2 minutes à feu moyen. Ajoutez les cornichons, les câpres, le corned-beef, la soupe déshydratée et 5 cl d'eau. Mélangez bien le tout et laissez cuire 3 minutes en remuant régulièrement. Ajoutez la moutarde et mélangez une dernière fois.

3 Étalez le contenu de la sauteuse au fond d'un plat à gratin, couvrez de purée et répartissez le beurre restant sur le dessus. Enfournez pour 5 minutes, puis passez sous un gril brûlant pendant 3 minutes.

Parfait le jour même,
et aussi bon réchauffé le lendemain !

PIZZA au steak haché

Pour 4 personnes

Préparation : 5 min

Cuisson : 12 min

250 g de pâte à pain ou de pâte à pizza

300 g de steak haché

6 tomates cerises coupées en deux

1 boule de mozzarella

3 cuil. à soupe de concentré de tomates

2 cuil. à soupe de ketchup

4 cuil. à soupe de parmesan râpé

Pour le hachis :

4 tiges de persil

1/2 oignon

4 cornichons

1 Préchauffez le four à 220 °C (th. 7-8)

2 Coupez la mozzarella en tranches, puis pressez-les entre plusieurs épaisseurs de papier absorbant. N'hésitez pas à recommencer l'opération pour que la pizza ne soit pas détrempée.

3 Préparez le hachis en mixant ensemble assez finement le persil, l'oignon et les cornichons.

4 Déposez la pâte étalée sur une plaque couverte de papier cuisson. Étalez dessus le concentré de tomates et le ketchup, puis la moitié du parmesan. Répartissez la mozzarella, le steak haché et le hachis. Enfournez pour 12 minutes environ.

5 Terminez en répartissant le parmesan restant et les tomates cerises.

N'hésitez pas à servir avec du ketchup ou de la sauce barbecue !

TORTILLA
au four

Pour 4 personnes

Préparation : 2 min

Cuisson : 18 min

6 œufs

350 g de pommes de terre cuites sous vide

1 cuil. à soupe d'huile d'olive

1 petit oignon rouge coupé en huit

1 gousse d'ail

4 tiges de persil

sel et poivre

1 Préchauffez le four à 220 °C (th.7-8). Mixez finement l'oignon, l'ail et le persil, ajoutez les pommes de terre et mixez encore grossièrement.

2 Faites revenir le mélange aux pommes de terre 3 minutes avec 1/2 cuillerée à soupe d'huile d'olive dans une poêle antiadhésive à feu vif.

3 Fouettez les œufs dans un saladier, puis ajoutez les pommes de terre chaudes, salez et poivrez à votre goût et mélangez.

4 Badigeonnez une poêle antiadhésive allant au four avec l'huile restante, versez-y l'omelette et faites cuire 2 minutes à feu moyen. Enfournez alors pour 15 minutes.

5 Passez éventuellement 1 ou 2 minutes sous un gril brûlant en fin de cuisson.

Aussi bonne chaude que froide !

Notes : ....

GRATIN
de coquillettes au thon

Pour 4 personnes

Préparation : 4 min

Cuisson : 16 min

240 g de coquillettes

250 g de thon à l'huile égoutté et grossièrement émietté

20 g de beurre

20 g de farine

50 cl de lait

150 g de comté râpé

2 cuil. à café de thym frais effeuillé

4 tiges de persil frisé hachées

2 biscottes cassées en morceaux

sel et poivre

Notes : ....

....

....

1 Préchauffez le four à 210 °C (th. 7). Faites cuire les pâtes dans une grande quantité d'eau salée selon les indications figurant sur l'emballage.

2 Faites fondre pendant ce temps le beurre dans une casserole, ajoutez la farine et mélangez bien. Incorporez le lait en fouettant et laissez chauffer 5 minutes. Ajoutez 120 g de comté, remuez et coupez le feu.

3 Mélangez dans un saladier les pâtes avec la moitié du thym et du persil, le thon, la préparation de farine et de lait, et poivrez à votre goût.

4 Mixez grossièrement les biscottes, ajoutez le reste du thym et du persil, et mixez finement.

5 Versez le contenu du saladier dans un moule de 16 cm de côté. Sur le dessus répartissez le comté restant, puis le contenu du mixeur.

6 Enfournez pour 8 minutes et placez sous le gril 3 minutes.

Pour plus de goût, vous pouvez utiliser des miettes de thon à la tomate !

EN 25 MINUTES !

QUICHETIFLETTE

Pour 4 personnes

Préparation : 3 min

Cuisson : 22 min

1 rouleau de pâte brisée

180 g de pommes de terre cuites sous vide

90 g de poitrine fumée taillée en allumettes

120 g de reblochon coupé en tout petits morceaux

60 g de crème fraîche

2 œufs

poivre

1 Préchauffez le four à 240 °C (th. 8). Foncez un moule à tarte avec la pâte, piquez-la à la fourchette et précuisez-la 8 minutes.

2 Hachez grossièrement les pommes de terre et faites-les sauter avec la poitrine fumée dans une poêle antiadhésive pendant 3 minutes.

3 Fouettez les œufs dans un saladier, puis ajoutez les pommes de terre au lard, le reblochon et la crème, poivrez et mélangez.

4 Versez le tout sur la pâte et enfournez pour 15 minutes. Passez éventuellement sous un gril brûlant en fin de cuisson.

*Surveillez la précuisson de la pâte : si elle commence à cloquer, **piquez-la** encore à la **fourchette** pour la faire redescendre.*

Notes : ....

....

....

RIZ
à la cantonaise

Pour 4 personnes

Préparation : 6 min

Cuisson : 12 min

240 g de riz basmati

90 g de haricots verts coupés en tronçons de 2 cm

90 g de pois gourmands coupés en trois

16 crevettes crues surgelées

2 tranches de jambon

4 œufs

2 cuil. à café d'huile neutre

sel et poivre

Notes : ....

1 Faites cuire le riz dans une grande quantité d'eau salée selon les indications figurant sur l'emballage.

2 Faites cuire les haricots verts dans une casserole d'eau bouillante salée. Après 3 minutes de cuisson, ajoutez les pois gourmands et les crevettes dans la casserole de haricots, et laissez cuire encore 4 minutes.

3 Battez 2 œufs dans un bol avec une pincée de sel. Chauffez une poêle antiadhésive à feu moyen avec 1 cuillerée à café d'huile, versez les œufs battus en les étalant bien et laissez cuire sans mélanger. Faites glisser l'omelette sur une assiette, déposez 1 tranche de jambon par-dessus et enroulez le tout. Coupez alors des tranches de 1 cm environ.

4 Recommencez l'opération avec les œufs et le jambon restants.

5 Mélangez le riz, les légumes et les crevettes, poivrez à votre goût, répartissez dans les assiettes et déposez par-dessus les roulés d'omelette au jambon.

Colorez le riz en ajoutant des dés de poivrons verts, rouges, jaunes et orange !

FISHBURGER

Pour 4 personnes

Préparation : 6 min

Cuisson : 8 min

4 pains à bagels coupés en deux

4 pavés de dos de cabillaud de 120 g chacun

1 œuf battu

2 tasses de chapelure

1 cuil. à café de persil frisé

1 cuil. à soupe d'amandes effilées

60 g de yaourt

60 g de mayonnaise

4 tiges de ciboulette finement hachées

1 cœur de salade effeuillée

1/4 de concombre coupé en tranches assez fines

sel et poivre

Notes :

1 Mixez ensemble la chapelure, le persil, les amandes, le sel et le poivre. Roulez les pavés de cabillaud dans l'œuf battu, puis dans la chapelure, et faites-les frire 6 minutes environ dans un bain d'huile à 160 °C.

2 Mélangez le yaourt, la mayonnaise et la ciboulette. Faites toaster les pains.

3 Étalez la sauce sur 4 demi-bagels, déposez de la salade, le concombre, le poisson, de nouveau de la salade et refermez.

À essayer aussi avec du saumon à la place du cabillaud !

OMELETTE
pizza

Pour 4 personnes

Préparation : 5 min

Cuisson : 12 min

6 œufs

40 g de jambon cru en très fines tranches

1 boule de mozzarella hachée très finement

1 tomate coupée en très fines tranches

12 petites olives noires dénoyautées

12 feuilles de basilic

1 filet d'huile d'olive

Notes : ....

1 **Battez** les œufs dans un saladier avec la mozzarella, la tomate, les olives, le basilic et le jambon.

2 **Versez l'huile,** puis l'omelette dans une poêle antiadhésive de 22 cm environ. Faites cuire 8 minutes à feu doux.

3 **Faites glisser** l'omelette sur une assiette et placez-la sous un gril brûlant 3 minutes.

Comme pour les pizzas,
vous pouvez aussi utiliser
de l'huile piquante !

CROQUE-MADAME
brioché

Pour 4 personnes

Préparation : 2 min

Cuisson : 18 min

8 tranches de brioche

2 tranches de jambon coupées en deux

4 tranches fines d'emmental

4 cuil. à soupe de béchamel

4 cuil. à soupe de fromage râpé

4 petits œufs

Notes : ....

1 Préchauffez le four à 210 °C (th. 7).

2 Étalez la béchamel sur 4 tranches de brioche. Déposez par-dessus une demi-tranche de jambon et une tranche d'emmental.

3 Évidez le centre des 4 tranches restantes de brioche à l'aide d'un emporte-pièce et posez-les par-dessus. Parsemez le fromage râpé, puis déposez l'œuf.

4 Couvrez d'une feuille d'aluminium. Attention : la feuille d'aluminium ne doit pas toucher l'œuf. Enfournez pour 15 minutes. 3 minutes avant la fin de la cuisson, ajoutez la mie de pain restante pour la dorer et la servir avec les croques.

5 Enlevez l'aluminium à la fin de la cuisson, puis passez les croques 3 minutes sous un gril brûlant.

Si vous n'avez pas d'emporte-pièce,
vous pouvez utiliser un verre.

CORDONS BLEUS *roulés*

Pour 4 personnes

Préparation : 8 min

Cuisson : 10 min

4 escalopes de veau très fines

2 tranches de jambon coupées en deux

8 carrés de fromage fondant type Toastinette®

2 œufs battus

4 cuil. à soupe de Maïzena®

1 bol de panko (chapelure japonaise) ou de chapelure

1 tige de persil hachée finement

20 g de beurre

Notes : ....

....

....

1 Déposez une demi-tranche de jambon sur chacune des escalopes. Puis déposez 2 carrés de fromage fondant pliés en deux sur un bord et roulez chaque escalope en commençant par le bord avec fromage. Vous pouvez maintenir les extrémités fermées à l'aide de cure-dents.

2 Roulez les cordons bleus dans la Maïzena®, puis dans l'œuf battu et enfin dans la chapelure.

3 Faites fondre le beurre dans une poêle à feu moyen et laissez cuire les cordons bleus une dizaine de minutes en les retournant régulièrement. Servez en parsemant de persil.

Vous pouvez remplacer le veau par du poulet ou de la dinde.

PAPILLONS
aux courgettes, au jambon et à la Vache qui rit®

Pour 4 personnes

Préparation : 4 min

Cuisson : 8 min

200 g de pâtes farfalles

250 g de courgettes coupées en cubes

60 g de jambon coupé en cubes

20 cl de crème liquide

80 g de Vache qui rit®

6 brins de ciboulette émincés finement

sel et poivre

Notes : ....

....

....

1 Faites cuire les pâtes dans une grande quantité d'eau salée selon les indications figurant sur l'emballage. Ajoutez les courgettes 3 minutes avant la fin de la cuisson, puis égouttez le tout.

2 Chauffez la crème pendant ce temps dans un bol au micro-ondes ; ajoutez-y la Vache qui rit®, puis remuez jusqu'à ce que le fromage soit fondu.

3 Mélangez les pâtes aux courgettes et au jambon avec la crème au fromage.

4 Servez dans des assiettes, poivrez à votre goût et parsemez la ciboulette.

Vous pouvez remplacer
la Vache qui rit® par du Kiri®.

MESURES *utiles*

1 NOISETTE DE BEURRE =
4 grammes

1 NOIX DE BEURRE =
15 grammes

1 CUILLÈRE À SOUPE

= **15** grammes de sucre, farine ou beurre

= **12** grammes de crème fraîche ou huile

= **1,5** cl de liquide

= **3** cuillères à café

1 CUILLÈRE À CAFÉ

= **5** grammes de sel, sucre ou huile

= **7** grammes de beurre

= **0,5** cl de liquide

= **5** grammes de farine ou de semoule

1 PINCÉE DE SEL =
0,3 à **0,5** gramme

1 MORCEAU DE SUCRE =
5 grammes

Économat

Dans le placard

Sels (sel fin, gros sel, fleur de sel, sels aromatisés) et poivres (noir ou exotique)

Huiles de goût neutre (maïs, tournesol, colza) ou parfumées (olive, noix...)

Vinaigres (blanc, rouge, balsamique, de xérès, de cidre...)

Lait (entier, allégé ou écrémé)

Crème liquide

Sucres (sucre semoule blanc ou roux, sucre glace)

Sauces asiatiques (soja, hoisin, teriyaki...)

Farine

Levure chimique

Cacao en poudre

Plaquettes de chocolat

Aides culinaires : bouillons et courts-bouillons déshydratés en cubes et en tablettes, gelée alimentaire en feuilles ou en poudre, fonds de veau ou de volaille, Maïzena®

Vanille (extrait ou gousse)

Riz, pâtes, semoules et céréales

Herbes

Épices

Fruits secs

Graines (sésame, lin, tournesol...)

Tomates en conserve

Ail, échalote, oignons et pommes de terre

Températures *du four*

Thermostat	Température approximative
1	**30 °C** (à peine tiède)
2	**60 °C** (tiède)
3	**90 °C** (chaleur très douce)
4	**120 °C** (chaleur douce)
5	**150 °C** (chaleur modérée)
6	**180 °C** (chaleur moyenne)
7	**210 °C** (assez chaud)
8	**240 °C** (chaud)
9	**270 °C** (très chaud)
10	**300 °C** (chaleur vive)

Dans le réfrigérateur

Œufs

Beurre

Pâtes prêtes à l'emploi

Moutardes

Herbes fraîches

Gruyère et parmesan râpés

Super pratique !

Dans le congélateur

Herbes

Plats cuisinés

Légumes

TABLE *des recettes*

INDEX

Photographies et stylisme : Dorian Nieto

Retrouvez Dorian sur : doriannn.blogspot.fr
ou facebook.com/dorian.nieto

Directeur éditorial : Didier Férat
Directrice éditoriale adjointe : Corinne Cesano
Édition : Diane Monserat
Graphisme : Julia Philipps
Mise en page : Nord Compo
Fabrication : Laurence Duboscq

Solar | un département **place des éditeurs**

place
des
éditeurs

ISBN : 978-2-263-07322-9
Code éditeur : S07322/05
Dépôt légal : avril 2016
Imprimé en France par Imprimerie de Champagne